20 TIPPS

— FÜR EINEN —

GLÜCKLICHEN

TAG

20

TIPPS

— FÜR EINEN —

GLÜCKLICHEN

TAG

JOYCE MEYER

MINISTRIES

Copyright © 2017 by Joyce Meyer
Titel der Originalausgabe: 20 Ways to Make Every Day Better
Originalverlag: FaithWords Hachette Book Group, New York, U.S.A.

© Alle Rechte der deutschen Ausgabe bei
Joyce Meyer Ministries GmbH
Postfach 76 10 01
22060 Hamburg
www.joyce-meyer.de
Tel. +49 (0) 40/88 88 4 11 11

Print: 978-3-945678-14-5
ePub: 978-3-945678-67-1

Bestellungen bitte an die oben stehende Adresse richten

1. Auflage, November 2017

Bibelzitate wurden meist folgender Bibelausgabe entnommen:
Neues Leben. Die Bibel, © 2002 und 2006 SCM R.Brockhaus im SCM-Verlag GmbH & Co.
KG, Witten.

Sonstige verwendete Bibelausgaben:
SLT: Bibeltext der *Schlachter Übersetzung,* © 2000 Genfer Bibelgesellschaft, CH-1204
Genf
AMPC: *Amplified Bible, Classic Edition,* Copyright © 1954, 1958, 1962, 1964 1965, 1987
by The Lockman Foundation. Diese Bibelzitate wurden direkt aus dem Englischen
übersetzt.

Hervorhebungen der Autorin sind innerhalb von Bibelzitaten durch Fettdruck
gekennzeichnet.

Übersetzung: Jokim Schnöbbe
Lektorat: Esther Keith
Satz: Satz & Medien Wieser, Stolberg
Druck und Verarbeitung: CPI books GmbH

Inhalt

Einleitung 9

Teil I: Nach dem Aufwachen 15

1 Unterhalte dich mit Gott 17

2 Habe große Träume 27

3 Entscheide dich, anderen zu helfen 39

4 Überprüfe deine Erwartungen 51

5 Lass dir vor nichts grauen 61

Teil II: Neue Schritte wagen 69

6 Lerne etwas Neues 71

7 Finde dich nicht ab 79

8 Investiere in dich selbst 87

9 Sei abenteuerlustig 97

10 Tu etwas, das dir Spaß macht 107

11 Lebe wahrhaftig 117

Teil III: Mit alten Mustern brechen 129

12 Gebiete den Sorgen Einhalt 131

13 Mach langsamer 139

14 Lehne Negativität ab 149

15 Habe Geduld mit dir selbst 159

16 Empfange Gnade und gib sie weiter 167

Teil IV: Bevor es zu spät ist 175

17 Beende deine Projekte 177

18 Vergib und vergiss 185

19 Sei dankbar 195

20 Staune! 205

Gebet um Errettung 214

Anmerkungen 216

»Ich aber bin gekommen, um ihnen das Leben in ganzer Fülle zu schenken.«

Johannes 10,10

Einleitung

»Ich habe einfach einen schlechten Tag.«

Ich kann dir gar nicht sagen, wie oft ich von anderen schon diese gemurmelten Worte gehört habe (oder sie selbst gemurmelt habe). Ich stecke im Stau. Ich verschütte meinen Kaffee, bevor ich überhaupt den ersten Schluck trinke. Die Kinder treiben mich in den Wahnsinn. Der Wasserhahn in der Küche tropft. Der Chef ist schlecht drauf. Das Auto macht wieder dieses komische Geräusch. *Ich habe einfach einen schlechten Tag!*

Es gibt zwar nicht viele Tage, an denen *all* diese Dinge gleichzeitig passieren (zum Glück), aber wir wissen, dass selbst *eins* dieser Vorkommnisse unsere Geduld auf die Probe stellen, unsere Perspektive verdrehen oder unsere Freude rauben kann. Viel zu oft schreiben wir so etwas als einen »schlechten Tag« ab und resignieren vorläufig. *Morgen wird es wieder besser,* hoffen wir, während wir unbewusst dem heutigen Tag die weiße Fahne der Kapitulation zuwedeln.

Doch »schlechte Tage« haben es an sich, dass sie sich häufen. Ist dir das schon einmal aufgefallen? Aus einem schlechten Tag wird eine schlechte Woche. Aus einer schlechten Woche wird ein schlechter Monat. Und ehe man sich's versieht, wird aus einem schlechten Monat ein schlechtes Jahr. Viele von uns sagen in der letzten Dezemberwoche immer das Gleiche: »Ich kann es kaum erwarten, bis dieses Jahr endlich vorbei ist!«

Falls du das kennst, falls du je *heute* aufgegeben und auf *morgen* gewartet hast, dann ist dieses Buch für dich. Weißt du, ich glaube keine Sekunde lang, dass du dich von deinem Alltag wie eine Geisel festhalten lassen musst. Ganz gleich was um dich herum los ist, wenn du dich entschieden hast, Jesus Christus nachzufolgen, dann lebt der Geist Gottes in deinem *Innern*. Friede, Freude, Kraft, Geduld – durch Jesus hast du das alles. Deine Hoffnung und dein Glück hängen nicht von dem Drumherum ab. In der Bibel steht, dass der Geist, der in dir lebt, größer ist als der Geist, der die Welt regiert (siehe 1. Johannes 4,4).

Ja, es wird schwere Tage geben. Es läuft nicht immer alles wie geplant. Wir wissen nur zu gut, wie das ist, wenn wir uns im Laufe eines Tages mit Schwierigkeiten auseinandersetzen müssen. Manchmal sind es kleinere Sachen (das Vorstellungsgespräch verläuft nicht so gut, das Baby bekommt Zähne, man schneidet sich beim Rasieren), und manchmal sind es größere Sachen (man verliert seinen Arbeitsplatz, der Arzt ordnet eine Computertomografie an, um die Ehe ist es nicht gut bestellt). Was es im Einzelnen auch ist, diese Herausforderungen sollten nicht deine Lebenseinstellung bestimmen. Du kannst auch aus schlechten Tagen noch glückliche Tage machen!

Sonne oder Regen, gute Nachricht oder schlechte Nachricht, von Freunden umgeben oder allein, auf der Bergspitze oder unten im Tal – du kannst jeden Tag deines gottgegebenen Lebens genießen. Es kommt nicht darauf an, was *um* dich herum passiert, sondern was *in* dir passiert! Deine Entscheidung, wie du auf eine Situation reagieren willst, ist von viel größerer Bedeutung als die Situation selbst. Das begeistert mich. Du musst dich nicht mit einem schlechten Tag arrangieren. Dir stehen viele Mittel zur Verfügung, wie du deinen Tag verbessern kannst! Ich mag das Gefühl der Hilflosigkeit nicht, und vermutlich geht es dir ganz ähnlich. Deswegen finde ich es so ermutigend, dass mir Möglichkeiten offenstehen, die meinen Tag verbessern können, und ich hoffe, dich ermutigt das auch.

Seit mehr als vierzig Jahren verfolge ich nun das Ziel, Menschen die biblischen Wahrheiten nahezubringen. Dabei ist mir etwas aufgefallen. Den meisten ist nicht klar, dass sie sich mit zu wenig zufriedengeben und sich das Beste, das Gott für sie bereithält, entgehen lassen. Sie finden sich mit »Gut genug« und »Ach, es könnte schlimmer sein« ab. Sie begreifen nicht, dass Gott einen anderen Weg für sie hat, einen Weg, der wie der erste Sonnenstrahl am Morgen ist, der immer heller leuchtet, bis das volle Licht des Tages erstrahlt (siehe Sprüche 4,18).

Trifft das auf dich zu? Hast du möglicherweise dein Lager an einem Platz aufgeschlagen, an dem du Tag für Tag gerade so über die Runden kommst, obwohl Gott dich an einen Ort bringen möchte, an dem du jeden einzelnen Tag wirklich genießen kannst? Solltest du dir nicht sicher sein, möchte ich dir einige Fragen stellen, die vielleicht mehr Klarheit schaffen:

- Wird dein Lebensglück jeden Tag von äußeren Faktoren bestimmt: Wie deine Kollegen dich behandeln? In welcher Stimmung dein Partner ist? Von unvorhergesehenen Herausforderungen oder Hürden? Oder selbst vom Wetter?
- Hast du oft den Eindruck, in einer Achterbahn der Gefühle zu sitzen – an einem Tag hocherfreut und am nächsten sehr entmutigt?
- Graut dir manchmal vor dem anstehenden Tag oder der kommenden Woche, weil du dir vorstellst, was alles schieflaufen könnte?
- Ist dein Leben – deine Ehe, dein Beruf, deine Familie, deine Beziehungen – eigentlich gar nicht so schlecht, könnte aber noch viel besser sein?
- Beneidest du manchmal das Leben anderer?
- Hast du dich damit abgefunden, dein ursprüngliches Ziel nicht erreicht zu haben?

Wenn du auch nur eine dieser Fragen mit Ja beantwortet hast, bin ich so froh, dass du dieses Buch in den Händen hältst, und zwar aus zwei Gründen. Erstens weiß ich, wie frustrierend solche Gefühle sein können (glaube mir, ich habe das alles selbst durchgemacht), und zweitens weiß ich, wie befreiend es ist, das Beste aus jedem Tag herausholen zu können. Ich bin überzeugt: Gott wird dir zu dieser Freiheit verhelfen!

Er hat etwas grundlegend Besseres für dein Leben auf Lager. Während du dich mit den Inhalten dieses Buchs beschäftigst, wird Gott dich ermutigen, anleiten und inspirieren, damit du dieses bessere Leben sehen und erleben kannst. Das glaube ich von Herzen.

Gott möchte nämlich, dass du dein Leben *jeden Tag* genießen kannst. Nicht nur gelegentlich. Nicht nur, wenn die Luft sauber ist und die Vögel zwitschern. Und nicht nur an Wochenenden oder im Urlaub. Jeder Tag ist ein neuer Tag mit Gott an deiner Seite … und das ist eine neue Chance, das einzigartige, wunderbare, sinnerfüllte Leben zu genießen, das Gott dir geschenkt hat.

Einer meiner Lieblingsverse in der Bibel ist Johannes 10,10, weil uns Jesus in dem Vers verspricht: »*Ich aber bin gekommen, um ihnen das Leben in ganzer Fülle zu schenken.*« Das ist eine lebensverändernde, hoffnungsspendende Bibelstelle, die uns ganz klar zeigt: Gott möchte nicht nur, dass wir am Leben sind, sondern dass wir ein Leben *in ganzer Fülle* haben. Er möchte, dass wir mit Freude leben, einer Freude, die förmlich übersprudelt!

Meine Leidenschaft als Bibellehrerin besteht darin, Menschen beizubringen, wie sie das Leben führen können, das Jesus ihnen durch sein Leben und seinen Tod ermöglicht hat. Deshalb haben wir unsere Fernsehsendung auch *Das Leben genießen* genannt, und deshalb freue ich mich riesig über dieses Buch! Ich habe es in vier gleich wichtige Abschnitte unterteilt: »Nach dem Aufwachen«, »Neue Schritte wagen«, »Alte Muster brechen« und »Bevor es zu spät ist«. Diese Abschnitte sollen dich systematisch durch deinen Tag führen und dir zeigen, wie du aus diesem Tag – und aus jedem Tag – etwas Gutes machen kannst. Ich glaube, du könntest jedes beliebige Kapitel zu jeder beliebigen Zeit aufschlagen und die Prinzipien darin auf deinen Alltag anwenden – dann wird dein Tag schon gleich besser.

Also, bist du bereit für ein neues Maß an Freude, Zufriedenheit und Begeisterung über dein Leben? Mach dich darauf gefasst. Dieses Buch steckt voller biblischer Anweisungen, praktischer Tipps, inspirierender Geschichten und hilfreicher Beobachtungen. Nach unserer gemeinsamen Zeit wirst du bestimmt die nötigen Werkzeuge in der Hand haben, um jeden Tag deines Lebens zu verbessern. Statt zu murmeln: »Ich habe einfach einen schlechten Tag«, kannst du rufen: »Ich erlebe einen *weiteren* großartigen Tag mit Gott!«

Teil I

Nach dem Aufwachen

Höre meine Stimme am Morgen, Herr. Früh am Morgen trage ich dir meine Bitten vor und warte voll Ungeduld.

Psalm 5,4

KAPITEL 1

Unterhalte dich mit Gott

Ein Christ zu sein, ohne zu beten, ist genauso unmöglich, wie am Leben zu sein, ohne zu atmen.

Martin Luther

Fundamente sind wichtig, und zwar aus folgendem Grund: Ein Fundament bestimmt, wie groß, wie stark und wie erfolgreich etwas sein kann.

Stell dir vor, du könntest endlich das Haus deiner Träume bauen. Jedes Kind hat sein eigenes Schlafzimmer. Für Freunde und Angehörige stehen mehrere Gästezimmer zur Verfügung. Das Haus bietet eine Menge Platz, um Feste zu feiern. Die Küche ist groß genug, dass sich die Familie beim Kochen dazugesellen und plaudern kann. Und am allerwichtigsten: Es gibt ganz, ganz viel Stauraum. Nun, um ein derartig großes Haus bauen zu können, musst du auch ein entsprechend großes Fundament legen.

Eins nach dem anderen. Der Boden muss zuerst geebnet werden, die exakten Maße des Hauses müssen bestimmt und die Rohrleitungen gelegt werden. Außerdem muss der Beton gegossen und getestet werden. All das ist notwendig und muss geschehen, bevor du dein Traumhaus zu Gesicht bekommst!

Das, was für den Bau deines Traumhauses gilt, gilt auch für den Bau deines Traumlebens.

Der Start eines jeden Tages ist das Fundament, das bestimmt, wie schön und erfolgreich dein Tag sein wird.

17

Du kannst nicht erwarten, einen Tag voller Freude, Optimismus, Gelegenheiten und persönlicher Entwicklung zu erleben, wenn du nicht das richtige Fundament dafür gelegt hast.

Wer murrend und schimpfend aufwacht, bei dem ist das Versagen schon vorprogrammiert. Wenn dir am Morgen vor den anstehenden Aufgaben graut, wird es dir viel schwerer fallen, diese zu meistern. Wenn du zu lange im Bett liegen bleibst und den Tag in Eile beginnen musst, um schnell fertig zu werden und noch rechtzeitig loszukommen, wirst du höchstwahrscheinlich den ganzen Tag gestresst sein und hinterherhinken. Fundamente sind wichtig.

Deshalb lautet das erste Kapitel in diesem Buch »Unterhalte dich mit Gott«. Das ist das Fundament dieses Buches. Und es kann auch das Fundament deines Tages sein. Jeden Morgen eine Unterhaltung mit Gott zu führen, ist das beste Fundament, das du legen kannst! Mehr noch, in meinem eigenen Leben habe ich festgestellt, dass ich nur dann einen glücklichen Tag habe, wenn ich zuerst die Verbindung mit Gott herstelle, bevor ich irgendetwas anderes in Angriff nehme. Nimm dir die Zeit, mit Gott zusammen zu *sein*, bevor du *tust*, was an dem Tag getan werden muss. Genau das ist Gebet: ein Zusammensein mit Gott! Es kann ganz entspannt ablaufen, wie ein Gespräch zwischen zwei Freunden, ohne pompöses Gehabe.

Die Evangelien erzählen uns eine Menge über die Wunder, die Lehren und das Herz von Jesus, aber sie verraten uns nicht viele Details über seinen Tagesablauf. Markus 1,35 bildet eine Ausnahme. In dem Vers lesen wir: *Am nächsten Morgen ging Jesus allein an einen einsamen Ort, um zu beten.* Was für eine bemerkenswerte Bibelstelle! Sie gewährt uns einen Einblick in das Alltagsleben von Jesus. Jesus nahm sich Zeit am Morgen, um mit Gott allein zu sein und zu beten. Offensichtlich war es Jesus wichtig, seinen Tag im Gespräch mit Gott zu beginnen. Sollte es uns dann nicht auch wichtig sein?

Moment mal! Bevor du mir sagst, dass du kein »Morgenmensch« bist, sollst du wissen, dass sich selbst wenige Minuten im Gespräch mit Gott am Morgen sehr positiv auf den Rest des Tages auswirken. Falls du danach noch etwas Zeit brauchst, um richtig aufzuwachen, oder falls du lieber am Abend eine längere Zeit mit Gott verbringst, ist das in Ordnung. Aber gib deinem Tag zumindest einen göttlichen Startschuss! Sag Gott, dass du ihn willst und brauchst. Bitte ihn um Führung und Hilfe, damit du den Tag gut bewältigen kannst.

Mit Gott reden

Einige Menschen starten ihren Tag nicht mit Gott, weil sie sich nicht darüber im Klaren sind, was für eine Ehre und was für ein Privileg es ist.

Ich benutze in diesem Kapitel absichtlich die Formulierungen »mit Gott reden« und eine »Unterhaltung« und ein »Gespräch« mit Gott führen, statt ausschließlich von »Gebet« zu reden, weil Gebet eigentlich ganz unkompliziert ist. Da uns so oft gesagt wird, dass wir beten sollen, betrachten wir den Austausch mit Gott nicht mehr als Vorrecht, sondern als eine religiöse Pflicht. Dabei muss ein Gebet weder wortgewandt noch lang sein. Aber es wäre dumm, das Leben ohne Gebet meistern zu wollen. Gebet ist im Grunde ein Ausdruck der Abhängigkeit von Gott. Entweder drücken wir unsere eigene Abhängigkeit aus oder – wenn wir für andere beten – die von anderen. Auch bedeutet Gebet, Gott zu loben und zu danken. Im Gebet können wir ihm Dinge anvertrauen, wie zum Beispiel unsere Nöte und Sorgen. Bei Gott ist kein Thema tabu. Wir können mit ihm über alles reden, ohne Angst haben zu müssen, dass er uns falsch verstehen, kritisch beurteilen oder uns unsere Fehler vorhalten wird.

Das Gespräch mit Gott öffnet ihm die Tür zu unserem Tag. Er kann sich dann unserer Probleme und Situationen annehmen und das regeln, was wir alleine nicht regeln können. Das

Gespräch mit Gott verändert nicht immer sofort alle Umstände, aber es verändert etwas in uns. Es gibt uns die Kraft, die wir brauchen, um den Tag mit einem Lächeln auf den Lippen zu bewältigen. Es hilft uns zu glauben, dass wir nicht allein sind – und diese Zusicherung brauchen wir alle.

Das Gebet für andere Menschen verändert diese Menschen. Meistens bleiben unsere Bemühungen, andere zu verändern, erfolglos, selbst wenn sie wirklich Veränderung bräuchten. Gott bekommt das viel besser hin. Vor Kurzem las ich etwas, das ich sehr interessant fand: Aufgrund unserer Gebete für andere gibt Gott diesen Menschen Impulse, die sie sonst nicht gehabt hätten! Vielleicht verspüren sie mit einem Mal den Wunsch, ihr Verhalten oder ihre Entscheidungen zu ändern, ohne zu erkennen, dass Gott dahintersteckt. Es bringt nicht viel, Menschen überreden oder eine Veränderung in ihnen erzwingen zu wollen. Das ruft nur Verbitterung oder Sturheit hervor, sodass sie am Ende noch entschlossener sind, so zu bleiben, wie sie sind. Wenn Gott jedoch Menschen anspricht, ist er viel überzeugender als wir.

Als Dave und ich 1967 heirateten, brachte ich viele seelische Probleme und Verhaltensauffälligkeiten mit in die Ehe, weil ich als Kind missbraucht worden war. Dave hatte keine Ahnung, wie schwerwiegend meine Probleme waren oder dass ich sie überhaupt hatte. Genau wie viele Brautpaare wussten auch wir nur sehr wenig voneinander, als wir uns vor dem Traualtar das Jawort gaben. Gott sei Dank war Dave ein Mann, der die Kraft des Gebets verstand. Statt mich immer wieder aufzufordern, dass ich meine Einstellungen und mein Verhalten änderte, sprach er mit Gott über mich! Gut, teilweise stellte er mich auch zur Rede, was meine Launenhaftigkeit und meinen Egoismus betraf, aber vor allem war er mir ein stilles Vorbild. Er vertraute darauf, dass Gott das Nötige in mir bewerkstelligen würde.

Trotzdem war es damals oft sehr entmutigend für ihn. Er erzählte mir später, dass er sich manchmal ins Auto setzte und einfach über unsere Situation weinte. Er wusste nicht, was er tun sollte, aber er glaubte, dass Gott es wusste. Also hielt er weiter an seinem Gottvertrauen fest und redete mit ihm. Er bat Gott nicht nur, mich zu verändern, sondern ihm auch das nötige Durchhaltevermögen zu schenken.

Versuche nicht, mit aller Kraft etwas zu erreichen, das nur Gott bewirken kann. Lade ihn lieber in jeden Lebensbereich ein und staune über das, was er alles hinbekommt. Ich empfehle dir nicht nur, morgens eine Unterhaltung mit Gott zu führen, sondern das Gespräch den ganzen Tag lang fortzusetzen. Je mehr du mit ihm redest, umso besser wird dein Tag.

Auf Gottes Stimme achten

Da ein Gespräch sowohl Reden als auch Zuhören beinhaltet, möchte ich dich ermutigen zu glauben, dass du Gottes Stimme hören kannst. Viele Menschen sind sich nicht sicher, ob Gott wirklich zu ihnen spricht. Vielleicht glauben sie, dass Gott früher einmal, in biblischen Zeiten, mit Menschen sprach, sind sich aber nicht sicher, ob er das heute immer noch tut. Aus diesem Grund fragen sie sich:

• Ist Gott wirklich an meinem Leben interessiert?
• Sind ihm die vielen Kleinigkeiten meines Alltags wichtig und will er daran teilhaben?
• Kann ich Gott um Hilfe bitten, obwohl ich so viel falsch gemacht habe?

Ich bin froh, dir aufgrund der Bibel, meiner persönlichen Erfahrung und der Erfahrung anderer sagen zu können, dass Gott weiterhin mit Menschen spricht und definitiv mit dir sprechen möchte. Doch um ihn hören zu können, musst du auch hinhören.

Als junge Christin ging ich mehrere Jahre lang in eine Kirche, ohne zu wissen, dass Gott immer noch zu uns Menschen spricht. Ich glaubte aufrichtig an Jesus Christus, ich hielt die religiösen Vorschriften und Feiertage ein und ging jeden Sonntag in die Kirche. Ich tat alles, was ich damals zu tun wusste. Aber es reichte nicht, um mein Verlangen nach Gott zu stillen. Ganz gleich wie viele Gottesdienste ich besuchte, ich spürte eine große Sehnsucht nach einer tieferen Gemeinschaft mit Gott. Ich wollte mit ihm über meine Vergangenheit sprechen und seine Gedanken hinsichtlich meiner Zukunft hören. Doch damals sagte mir niemand, dass Gott in alle Aspekte meines Lebens eng eingebunden sein wollte und auf ganz unterschiedliche Weise zu mir sprechen konnte. Niemand bot mir eine Lösung an für die tiefe Unzufriedenheit, mit der ich lebte.

Erst als ich die Bibel intensiver studierte, erkannte ich, dass Gott tatsächlich mit mir reden will und einen guten Plan für mich hat, der mit Frieden und Zufriedenheit einhergeht. Ich begriff, dass Christsein nicht nur bedeutet, die richtigen Regeln zu befolgen und die richtigen Veranstaltungen zu besuchen. Meine Beziehung zu Gott ist eine zutiefst persönliche Angelegenheit, und Kommunikation ist ein wichtiger Teil jeder persönlichen Beziehung. Man kann durchaus sagen, dass gute Kommunikation die Grundlage für eine gute Beziehung ist!

Gute Kommunikation ist die Grundlage
für eine gute Beziehung!

Ich kann Gott also alles erzählen, was ich durchmache, darf aber auch damit rechnen, dass er auf vielfältige Weise zu mir spricht. Dasselbe gilt für dich. Wünschst du dir eine positive Veränderung in deinem Leben? Dann erwarte, dass Gott zu dir spricht, und lerne, sein vielfältiges Reden wahrzunehmen.

Wenn ich darüber spreche, Gottes Stimme zu hören, fragen mich Menschen oft: »Joyce, wie geht das? Spricht Gott in einer hörbaren Stimme zu uns?« Nun, er *kann* fraglos in einer hörbaren Stimme sprechen (Beispiele dafür finden wir in der Bibel), aber in den meisten Fällen tut er es auf andere Weise. Hier sind einige Wege, wie Gott zu dir sprechen will:

Gott spricht durch die Bibel.

Gottes Kommunikationsmittel Nummer eins ist die Bibel. Deshalb ist es so wichtig, sie nicht nur oberflächlich zu lesen, sondern sich eingehender mit ihr zu beschäftigen. Unterweisung, Zusagen, Hoffnung, Wegweisung, Vorbilder – dort findet man alles! Wer die Stimme Gottes hören möchte, dem kann ich die tägliche Bibellese nur wärmstens empfehlen. Was in der Bibel steht, ist Gottes Wort an dich! Ja, die Bibel ist für alle Menschen, aber ich schlage dir vor, sie als ganz persönlichen Liebesbrief an dich zu lesen. Lies die Bibel mit der Überzeugung, dass Gott dir dadurch seinen Willen für dein Leben offenbart.

Gott spricht durch inneren Frieden.

Angenommen du musst eine Entscheidung treffen und bittest Gott dabei um Hilfe. Welche Option ruft am meisten Frieden hervor? Häufig wird auf diese Weise deutlich, welche Richtung du einschlagen solltest. Gottes Wegweisung für dein Leben wird immer von Frieden begleitet.

Gott spricht durch Weisheit und den gesunden Menschenverstand.

Einer der praktischsten Wege, wie man Gottes Stimme hören kann, ist durch Weisheit und den gesunden Menschenverstand. Weisheit erkennt die Wahrheit in einer Situation, während der gesunde Menschenverstand ein gutes Urteil darüber fällt, wie mit dieser Wahrheit umzugehen ist. Ich halte Weisheit für etwas Übernatürliches, weil sie nicht von Menschen kommt, sondern ein Geschenk Gottes ist.

Gott spricht durch eine innere Stimme.

In dem Moment, in dem wir uns bewusst entscheiden, Jesus Christus nachzufolgen, erwachen wir in unserem Geist. Wir werden innerlich empfänglich für die Stimme Gottes. Wir hören sein Flüstern und spüren, wie er uns sanft in eine bestimmte Richtung drängt, auch wenn wir den Grund dafür nicht immer kennen. Er führt uns tief in unserem Herzen. Er leitet und korrigiert uns durch seine unaufdringliche Stimme, die wir in unserem Geist wahrnehmen können.

Ich nenne dies oft ein »Wissen« tief in unserem Inneren. Wir wissen einfach, was in einer bestimmten Situation zu tun ist. Wir spüren eine Klarheit oder Gewissheit, die nicht vom Kopf kommt, sondern vom Herzen.

Es gibt noch viele weitere Kommunikationswege, die Gott nutzt. Er spricht durch andere Menschen, durch die Natur, durch eigene Gedanken, durch Vorkommnisse in unserem Umfeld, durch Umstände, durch Predigten, durch Lieder, durch christliche Bücher. Dies sind nur einige Wege, wie Gott zu seinen Kindern spricht. Die Bibel zeigt uns auch, dass Gott manchmal Träume und Visionen benutzt. Allerdings muss alles, was wir meinen, von Gott gehört zu haben, immer mit seinem geschriebenen Wort übereinstimmen. Selbst in den Fällen, in denen die Bibel uns keine genauen Anweisungen gibt, können wir auf ihren Seiten das Wesen Gottes erkennen. Wenn wir sein Wesen kennen, können wir zwischen dem Reden Gottes und anderen Quellen unterscheiden.

Keine Einbahnstraße

Wie du siehst, ist die Kommunikation mit Gott keine Einbahnstraße. Beten bedeutet nicht nur, Gott alle deine Nöte zu nennen. Genauso wenig bedeutet es, nur still dazusitzen und auf etwas zu warten. Gebet bedeutet, mit Gott zu reden und dann die Ohren aufzusperren, während du durch deinen Tag gehst. Genau wie in jeder anderen Beziehung auch sind Reden und Zuhören ganz entscheidend, um einander näher zu kommen.

Der erste Schritt besteht darin, Gott etwas zu sagen. Dann kommt das Zuhören. Gott antwortet nicht immer sofort, aber zu gegebener Zeit wird er dir seinen Willen schon klarmachen. Ein Mann, der mir ein großes Vorbild ist, sagte kürzlich, dass wir durch unsere Fehler von Gott hören. Gott verlangt nicht von dir, dass du alles gleich beim ersten Mal perfekt hinbekommst. Solange dein Herz am rechten Fleck ist und du dir aufrichtig Gottes Wegweisung wünschst, wird er dich Schritt für Schritt anleiten. Irgendwann kommt dann der Tag, an dem dich jemand fragt: »Wie kann ich Gottes Stimme hören?«, und dann wirst du der Person sagen können, was du über die Jahre gelernt hast.

Ich möchte dieses Kapitel mit einer starken Empfehlung beenden. Wenn du im Laufe des Tages merkst, dass es etwas gibt, das dir deine Kraft oder Freude raubt und dich veranlasst zu sagen: »Ich bin so froh, wenn dieser Tag endlich vorbei ist« oder »Heute ist einfach kein guter Tag«, dann halte inne und sprich mit Gott über das, was dir den glücklichen Tag verdirbt, den Gott eigentlich für dich vorgesehen hat. Du kannst mit ihm jederzeit und an jedem Ort über alles reden. Er hört dir zu!

Nicht vergessen:

- Das, was für den Bau deines Traumhauses gilt, gilt auch für den Bau deines Traumlebens. Der Start eines jeden Tages ist das Fundament, das bestimmt, wie schön und erfolgreich dein Tag sein wird.
- Deine Unterhaltungen mit Gott sollten ganz natürlich sein. Er ist dein Freund und er ist an allem interessiert, was dich beschäftigt.
- Gott spricht heute immer noch und er möchte mit dir reden!

- Die Kommunikation mit Gott ist keine Einbahnstraße. Es geht nicht nur darum, Gott deine Nöte mitzuteilen, und auch nicht, nur still auf etwas zu warten. Es geht ums Reden *und* Zuhören!

PRAKTISCHE TIPPS
... für die Unterhaltung mit Gott

- Mach dir am Morgen eine Tasse Kaffee (oder was du am liebsten trinkst) und verbringe Zeit im Gespräch mit Gott, bis du die Tasse ausgetrunken hast.
- Sprich so mit Gott wie mit einem Freund. Stelle Fragen und erzähle ihm von deinem Frust. Sei total offen und ehrlich.
- Habe Geduld mit dir selbst, während du lernst, Gottes Reden wahrzunehmen. Gib dich nicht geschlagen, wenn du einen Fehler machst. Du bist Gottes Kind, und Kinder brauchen immer einige Wiederholungen, um etwas Neues zu lernen.
- Lass den Tag – bevor du ins Bett gehst – kurz Revue passieren. Dabei wird dir oft klar werden, dass Gott dir an dem Tag etwas gesagt und dich geführt hat. Du wirst feststellen, dass etwas, das dir wie ein Zufall oder Glücksfall vorkam, in Wirklichkeit Gottes Reden war.

KAPITEL 2

Habe große Träume

Halten Sie an Träumen fest, denn wenn Träume ster-
ben, ist das Leben ein Vogel mit gebrochenen Flügeln,
unfähig zu fliegen.

Langston Hughes

Ein Freund erzählte mir kürzlich von einem Gespräch mit einer Gruppe von Kindern im Grundschulalter. Seine Nichten
waren zu Besuch gekommen, um mit seinen Kindern zu spielen. Er ging mit ihnen frühstücken, einfach um die kleinen
Chaoten aus dem Haus zu bekommen. Während sie Donuts
aßen, fragte er die Kinder: »Was wollt ihr werden, wenn ihr
groß seid?« Ohne zu zögern, erzählten die Kinder ihm begeistert von ihren Träumen. *Mein Traum ist es, Tierärztin zu wer-*
den! Mein Traum ist es, ein Computerspielprogrammierer zu wer-
den! Mein Traum ist es, Musiker zu werden! Ein Hockeyspieler!
Eine Krankenschwester!

Mein Freund erzählte mir: »Joyce, es waren nicht die Berufs-
sparten, die mich beeindruckten, sondern die Worte, mit denen
jede Antwort begann: ›*Mein Traum ist es …*‹« Er hatte die Kinder gar nicht nach ihren Träumen gefragt; er hatte nur gefragt,
was sie später einmal werden wollten. Doch auf ihre kindliche
Art sprachen sie sofort begeistert von ihren »Träumen«.

Als ich diese Geschichte hörte, musste ich an die Aufforde-
rung von Jesus denken, dass wir wie Kinder werden sollen
(siehe Matthäus 18,3). Ihr Glaube, ihr Staunen, ihr Optimismus
und ihre Fähigkeit zu träumen sind wunderbare Eigenschaften!
Kinder sind weder vom Versagen gezeichnet noch werden sie

von Zweifeln geplagt. Ganz im Gegenteil. Sie sehen ihrer Zukunft hoffnungsvoll und begeistert entgegen!

Das sollten wir uns zum Vorbild nehmen.

Wir können jeden Tag verbessern,
indem wir wieder anfangen zu
träumen.

Davon, was die Zukunft für uns bereithält. Davon, was wir mit Gottes Hilfe an Neuem erreichen können. Davon, was Gott alles an aufregenden, abenteuerlichen Dingen für uns bereithält! Wohlgemerkt, es geht mir hier nicht um reines Wunschdenken oder Tagträume, wie das Leben sein könnte. Ich meine etwas viel Besseres: Wir sollten große, kühne, glaubensvolle Träume für unser Leben haben. In der Bibel steht, dass Gott viel mehr tun kann, als wir uns je vorstellen oder erträumen können (siehe Epheser 3,20).

Tägliche Ziele setzen

Kühne Träume lassen sich dann verwirklichen, wenn wir uns tägliche Ziele setzen. Das liegt daran, dass Träume immer schrittweise erfüllt werden: eine Entscheidung nach der anderen, ein Ziel nach dem anderen.

Stell dir vor, du bist ein Bogenschütze, der an den Olympischen Spielen teilnimmt. Du hast jahrelang geübt und dein Können perfektioniert. Wenn du einen Bogen in der Hand und eine Zielscheibe vor dir hast, gibt es niemanden, der besser ist als du. Du hast die nötige Zeit investiert. Du hast viele Jahre trainiert. Und nun präsentiert sich dir die Möglichkeit, dein Können auf der Weltbühne zur Schau zu stellen. Du bist ein professioneller Bogenschütze, der beste der Welt. Die Goldmedaille ist zum Greifen nahe!

Doch als du an deinen Platz trittst, die Kameras auf dich

gerichtet, die Hoffnungen deines Landes für eine olympische Goldmedaille auf deinen Schultern ruhend, gibt es ein unvorhergesehenes Problem: Die Zielscheibe fehlt. Du hast deinen Bogen in einer Hand, den Pfeil in der anderen, aber du hast nichts, worauf du zielen kannst. Verwirrt informierst du die Punktrichter: »Äh, entschuldigen Sie, da ist keine Zielscheibe. Worauf soll ich denn schießen?« Doch die olympischen Punktrichter reagieren unbekümmert mit einem Achselzucken. »Schieß, worauf du willst«, sagen sie. »Eine Zielscheibe ist nicht notwendig.«

Da du die Millionen Fernsehzuschauer nicht enttäuschen oder die Punktrichter verärgern willst, spannst du deinen Bogen, und mit trainierten Muskeln und klopfendem Herzen schießt du den Pfeil ab … ins Nirgendwo. Es gibt kein Ziel. Es gibt kein Erfolgskriterium. Du hast keine Ahnung, ob dein Schuss gut oder schlecht war. *Was sollte das Ganze?*

Das beschriebene Szenario ist natürlich absurd. Kein Sportler würde an einem Wettbewerb teilnehmen, bei dem es keine Erfolgskriterien gibt. Ohne ein Ziel wäre es Zeitverschwendung. Um etwas zu erreichen, muss ein Ziel gesteckt werden.

Ich erzähle dir diese Geschichte, weil ich immer wieder erstaunt bin, wie viele Menschen ihren Tag ziellos beginnen. Sie wachen morgens auf, ohne einen Plan für den Tag zu haben. Statt sich Ziele zu setzen und klar abzustecken, was sie vor Ende des Tages erreichen wollen, lassen sie sich ziellos durch den Tag treiben. Wie ein Bogenschütze ohne Zielscheibe haben sie nichts, worauf sie schießen können. Folglich wissen sie auch nicht, ob sie gewinnen oder verlieren, Erfolg haben oder versagen. Kein Wunder, dass sie nur wenig Freude an ihrem Tag oder sogar an ihrem Leben haben.

Ziele sind unbedingt erforderlich. Es ist zwecklos und frustrierend, wenn du zwar große Lebensträume oder auch nur kleine Träume für den Tag hast, dir aber keine konkreten Ziele steckst, wie du diese Träume verwirklichen willst. Konkrete Ziele geben deinem Tag eine bestimmte Richtung. Das muss gar nichts Großes sein. Es kann so etwas Kleines sein, wie ein Zimmer im Haus aufzuräumen, ein oder zwei Kapitel eines Buches zu lesen oder einen Termin zu vereinbaren, den man schon länger aufgeschoben hat. Jedes Ziel ist eine lohnende Aufgabe. Ich schreibe mir meine Ziele für den Tag morgens auf. Oft habe ich mehr Ziele, als ich erreichen kann, aber das beunruhigt mich nicht. Ich tue, was ich kann, und fange am nächsten Tag von Neuem an.

Häufig erleben Menschen »schlechte Tage«, weil sie nichts tun, was ihnen ein Gefühl der Zufriedenheit gibt. Gott hat uns so geschaffen, dass wir mit einem unproduktiven Leben nicht glücklich sein können. Ein Tag, an dem ich keinen Zweck erfülle, ist ein Tag, der mir nicht viel Freude macht. Selbst wenn ich die Entscheidung treffe, mich den ganzen Tag auszuruhen, tue ich das mit diesem Ziel vor Augen!

Stecke dir Ziele und setze dich in Bewegung – dann wirst du viel Gutes erleben. Du weißt vielleicht nicht im Detail, wie es laufen wird. Du hast auch nicht unbedingt alle Antworten für den kommenden Tag. Aber ein Ziel (oder auch zwei oder drei) gibt dir eine ganz andere Perspektive für den Tag. Probiere es aus. Du wirst staunen.

Für mich als Leiterin einer internationalen Organisation ist es äußerst wichtig, dass ich mir jeden Tag Ziele setze und diese erreiche. Zum einen bewahren mich konkrete Ziele davor, von der Vielzahl alltäglicher Aufgaben überwältigt zu werden. Auf diese Weise setze ich auch Grenzen, damit ich nicht das Gefühl habe, ich müsste alles auf einmal erledigen. Ohne derartige Ziele könnte ich zum anderen leicht abgelenkt werden. Die Ziele helfen mir, meine Aufmerksamkeit auszurichten und Prioritäten zu setzen. Jede erfüllte Aufgabe, die ich mir für den Tag vorgenommen habe, gibt mir ein Gefühl der Zufriedenheit, weil ich etwas erreicht habe. Dieses Gefühl ist schon ein Lohn für sich.

Du kannst dasselbe erleben. Ob du nun Hausfrau und Mutter, ein Vollzeitangestellter, ein Student, ein Geschäftsinhaber oder Volontär bist, Ziele können dich den ganzen Tag wach und konzentriert halten. Sie können dir mehr Elan geben. Wer keine Richtung im Leben hat, verspürt auch selten Elan, weil es schwer ist, wegen »nichts« Begeisterung und Leidenschaft zu verspüren!

Auf deinen Traum hinarbeiten

John Maxwell sagt: »Ein Traum ohne eine positive Einstellung erzeugt einen Tagträumer. Eine positive Einstellung ohne einen Traum erzeugt einen angenehmen Menschen, der nie vorankommt. Ein Traum zusammen mit einer positiven Einstellung erzeugt einen Menschen mit unbeschränkten Möglichkeiten und grenzenlosem Potenzial.«[1] Ich finde dieses Zitat so gut, weil es wahr ist. Es ist eine Sache, einen Traum zu haben. Doch um diesen Traum zu verwirklichen, müssen auch entsprechende Schritte folgen. Einer dieser Schritte besteht darin, eine positive Einstellung zu haben.

Im Englischen gibt es den Spruch: »*Your attitude determines your altitude.*« Deine Einstellung bestimmt deine »Höhe« – also das, was du erreichen kannst. Das stimmt absolut! Mit einer zweifelnden, niedergeschlagenen, säuerlichen Einstellung wirst du nie ein zuversichtlicher, erfolgreicher, glücklicher Mensch sein. Das funktioniert einfach nicht. Also, der erste Schritt, um einen Traum zu verwirklichen – sei es ein neuer Berufsweg, ein Studienabschluss, eine stabilere Ehe, eine Zukunft für deine Kinder –, besteht darin, deine Einstellung anzupassen. Wenn du versucht bist zu denken: *Das ist zu schwer. Vermutlich werde ich versagen. Ich bin zu alt, um noch mal von vorn zu beginnen,* dann denk daran: Deine Einstellung bestimmt deine Höhe.

- Statt zu sagen: *Ich schaff das nicht …,* denk lieber: *Ich kann alles durch Christus!*
  (Siehe Philipper 4,13.)

- Statt zu sagen: *Das ist unmöglich ...*, denk lieber: *Bei Gott ist alles möglich!*
  (Siehe Matthäus 19,26.)
- Statt zu sagen: *Was ist, wenn es nicht klappt?* ..., denk lieber: *Was ist, wenn es klappt?*
  (Siehe Hebräer 11,1.)

Indem du deine Einstellung von Pessimismus zu Optimismus änderst, von Angst zu Glauben, unternimmst du den ersten wichtigen Schritt zur Verwirklichung deiner Träume.

Es gibt auch noch andere Schritte, die du gehen musst. Träume bringen immer Arbeit mit sich. Sie erfordern Planung. Sie erfordern meist auch Opfer. Sie erfordern Ausdauer, besonders an Tagen, an denen du am liebsten aufgeben würdest. Mit anderen Worten, wann immer du einem Traum folgst, den Gott dir ans Herz gelegt hat, mach dich darauf gefasst: Der Traum wird dich Kraft kosten. Doch das Gute ist, dass deine Kraft allein dich nicht durchtragen muss. Wo deine Kraft versagt, kümmert Gottes Kraft sich um den Rest. Solange du deinen Teil tust, ist Gott immer treu und tut seinen Teil. Gib deinen Traum nicht auf, wenn du dich schwach und unfähig fühlst. In 2. Korinther 12,9 verspricht Gott: *»Meine Gnade ist alles, was du brauchst. Meine Kraft zeigt sich in deiner Schwäche.«*

Als ich unsere christliche Organisation ins Leben rief, träumte ich von all den Menschen, denen ich dadurch helfen würde. Doch das geschah nicht von einem Tag auf den anderen. Und es geschah nicht ohne eine Menge Arbeit. Dave und ich mussten reichlich Opfer bringen. Es gab viele Veranstaltungen, bei denen die Teilnahme enttäuschend war. Es gab Zeiten, in denen wir uns fragten, wo das nötige Geld herkommen sollte. Doch statt der Entmutigung und Verzweiflung nachzugeben (und glaube mir, das wäre leicht gewesen), ließen wir nicht locker. Wir taten alles, was wir konnten, um das auszuführen und umzusetzen, was Gott uns ans Herz gelegt hatte ... und Gott tat, was wir nicht tun konnten. An Tagen, an denen mir nach Aufgeben zumute war, tauchte plötzlich ein ermutigender Brief in der Post auf. An Tagen, an denen uns das Geld ausging, erhielten wir plötzlich eine unerwartete Spende. An Tagen, an denen sich eine Tür schloss, öffnete sich plötzlich eine bessere Tür. Immer und immer wieder erlebten wir: Gottes Gnade ist alles, was wir brauchen.

Das gilt auch für dein Leben. Ja, dein Traum wird nur dann wahr werden, wenn du dich aufmachst, und vermutlich wird es länger dauern als erwartet. Aber du bist nicht allein. Gott ist mit dir und er verspricht, dir die nötige Kraft zu geben.

> Solange du deinen Traum in Gottes Hand legst und bereit bist, deinen Teil zur Verwirklichung des Traums beizutragen, wird Gott sich erweisen und das tun, was du allein nicht tun kannst.

Das ist Gnade. Sie ist Gottes unverdiente Gunst. Sie ist die Kraft, das zu bewältigen, was man von sich aus nie bewältigen könnte. Also, falls du dich schwach und unsicher fühlst, muss das nicht schlecht sein. Denk daran, Gottes Gnade ist alles, was du brauchst, und seine Kraft zeigt sich in deiner Schwäche!

Deinen Träumen Leben einhauchen

Gott ist kein stagnierender Gott. Er verändert sich zwar auch nie, ist aber immer in Bewegung. Gott möchte, dass auch wir in Bewegung bleiben. Er schenkt uns Ziele und Träume, damit wir unser Potenzial erreichen und ihm Ehre machen können. Wenn Gott uns einen Traum gibt, ist das so ähnlich, als würden wir schwanger werden. In unserer Vorstellungskraft »empfangen« wir eine neue Idee – etwas, das Gott für uns geplant hat. Dann heißt es, diese Idee »auszutragen« und am Ende der

Schwangerschaft schließlich auf die Welt zu bringen (siehe Jesaja 43,19).

In Prediger 5,2 steht: *Ein Traum kommt mit viel Geschäftigkeit und schmerzhaften Mühen* (AMPC). Ich bin mir sicher, dass das ein Grund ist, warum viele Menschen ihre Träume irgendwann aufgeben. Sie merken, wie viel Kraft ein Traum kostet, wie unbequem es ist, sich auf die »Geburt« dieses Traums vorzubereiten. Also beschließen sie, dass der Traum doch nicht Gottes Wille ist, und tun etwas anderes. Ich möchte dich ermutigen, auch die schweren Phasen durchzustehen, denn wenn du aufgibst, wirst du nie ganz zufrieden sein. In dir bleibt etwas zurück, was nicht bereinigt ist, etwas, das Unzufriedenheit auslöst. Gottes Absicht ist nicht, dir im Leben alles leicht zu machen, weil er weiß, dass du durch Herausforderungen stärker wirst. Dein Glaube wächst, wenn du ihn einsetzen musst.

Also, wie überstehst du die Schwangerschaft erfolgreich und bringst deinen gottgegebenen Traum auf die Welt? Hier sind drei Schlüssel, die dir helfen können.

1. Glaube, dass Gott am Werk ist, und bleibe geistlich aktiv.

Ganz gleich welchen Traum Gott dir geschenkt hat, setze deinen Glauben ein. Glaube, dass er ihn Wirklichkeit werden lässt.

Gewöhne dir an, nicht nur jeden Tag an deinem
Traum zu arbeiten, sondern auch zu sagen:
»Gott ist am Werk!«

Du weißt zwar nicht unbedingt, wie sich die Dinge entwickeln werden, aber das ist schon in Ordnung. Gott weiß alles – von Anfang bis Ende (siehe Jesaja 46,9-10). Er hat das Ruder fest in der Hand und kann alles herbeiführen!

Vermeide die Falle der Passivität, die sagt: »Ach, warten wir mal, was passiert.« Du wurdest nicht geschaffen, um ein passiver »Schau'n wir mal«-Mensch zu sein. Nein, bleib geistlich aktiv, selbst in Phasen, in denen du auf Gott warten musst. Beten, glauben, Gottes Zusagen in der Bibel aussprechen, seine Führung suchen – das alles sind Handlungsschritte. Es sind Schritte, die einen großen Lohn nach sich ziehen werden. In Psalm 27,13 sagt David: *Doch ich vertraue fest darauf, dass ich noch sehen werde, wie gut Gott ist, solange ich lebe.*

Echtes Warten auf Gott ist keine statische, passive Angelegenheit, bei der man absolut nichts tut. Vielleicht musst du körperlich warten, aber geistlich kannst du aktiv bleiben. Bitte Gott weiterhin um Wegweisung und vertraue ihm. Rufe dir täglich deinen Traum in Erinnerung.

2. Weigere dich aufzugeben.

Es ist leicht, etwas anzufangen. Viel schwerer ist es, eine Sache auch durchzuziehen. Deswegen erreichen so viele Menschen nicht das Beste, das Gott für sie hat. Sie fangen an, ihm nachzufolgen. Sie fangen an, sich in die Richtung ihres Traums zu bewegen. Doch wenn es hart auf hart kommt oder sie das Warten satthaben, kehren sie um und laufen in eine andere Richtung.

Ich möchte dich heute zum Weitermachen auffordern. Lass dich nicht von Umständen aufhalten, die deinen Traum unmöglich erscheinen lassen. Beachte die »Freunde« und Familienmitglieder nicht, die dir einreden wollen, dass es besser wäre, sich keine Hoffnung zu machen.

> Träume werden nie
> ohne Kampf verwirklicht.

Entscheide dich, eine Person zu sein, die weitermacht, und sei es auch nur durch einen einzigen Schritt pro Tag. Dann wirst du am Ende ganz neue Höhen der Freude erreichen, wenn sich dein Traum erfüllt. Halte durch! Mach weiter! Gib nicht auf!

3. Erkenne, dass es bei deinem Traum nicht nur um dich geht.

Häufig erträumen sich Menschen nur etwas für sich selbst. Was sie im Leben wollen. Was für sie am besten ist. Doch Jesus ist unser Vorbild, wie wir leben sollten, und er gab sein Leben für andere hin. Kurz bevor er gekreuzigt wurde, betete er zu seinem Vater: *»Ich will deinen Willen tun, nicht meinen«* (Lukas 22,42). Alles, was Jesus tat, tat er für uns.

Um den Traum, den Gott für uns hat, wirklich umsetzen zu können, müssen wir die gleiche Einstellung haben: »Ich will deinen Willen tun, nicht meinen.« Erst nachdem wir unsere Träume in Gottes Hand gelegt und ihn gebeten haben, seinen Willen in und durch uns zu tun, können unsere Träume größer werden als alles, was wir uns bis dahin vorgestellt haben.

Du musst keine Angst vor Gottes Plänen für dein Leben haben. Er hat etwas viel Besseres im Sinn als das, was du dir selbst wünschen könntest. Also, bitte ihn um einen Traum, der nicht nur dir, sondern auch anderen Menschen zugutekommt.

Willkommen im Klub

Die Bibel ist voll von großen Träumen und wagemutigen Träumern. Wer die Bibel kennt, der weiß, dass Gott häufig durch echte Träume zu Männern, Frauen und Kindern sprach. Aber ich stelle mir auch gerne die Träume vor, die die biblischen Helden in ihren Herzen getragen haben müssen:

- Nachdem David von Samuel zum König gesalbt wurde, aber immer noch die Schafe seines Vaters hütete, träumte er bestimmt davon, wie es als König sein würde.
- Während Joseph das bunte Gewand trug, das ihm sein Vater gegeben hatte, träumte er mit Sicherheit von seiner zukünftigen Stellung.

- Als Maria mit dem Messias schwanger war, träumte sie vermutlich von den bevorstehenden Freuden der Mutterschaft.
- Auf seinen Schiffsreisen von Stadt zu Stadt träumte Paulus sicherlich von dem Potenzial der Kirchengemeinden, für die er sich einsetzte.

Große Träume zu haben, gehört zu unserer geistlichen DNS. Sie sind in Hoffnung verwurzelt und werden vom Glauben angetrieben.

> Gott *erlaubt* uns nicht nur zu träumen;
> er hat uns geschaffen, um zu träumen,
> und zwar große Träume.

Wir sollten uns Großes ausmalen und große Pläne schmieden. Das verleiht jedem Tag Würze.

Also, lass dich ermutigen. Wage es zu träumen. Träume von dem, was Gott dir beibringen kann und wohin er dich führen will. Träume davon, wie Gott deine Situation verändern kann. Träume davon, was du alles erreichen und wie vielen Menschen du helfen wirst. Fang an zu träumen, dann wird deine Freude zunehmen. Und falls du meinst, es sei zu schwer, große Träume zu haben, dann verspreche ich dir: Es ist kinderleicht.

Nicht vergessen:

- Du bist nie zu alt, um einen Lebenstraum zu haben. Entwickle einen kindlichen Optimismus für deine Zukunft.
- Es gibt Schritte, die du tun kannst, um deinen Traum zu verwirklichen. Sei nicht untätig oder wünsche dir nur passiv, dass etwas geschehen möge. Sei bereit, die nötige Arbeit zu tun.
- Um erfolgreich zu sein, musst du unbedingt ein Ziel haben – eine Zielscheibe, auf die du schießen kannst.

- Manchmal kommt ein Traum dadurch zustande, dass man partout nicht aufgibt, bis er sich verwirklicht.
- Die Bibel ist voller Menschen, die große Träume für Gott träumten. Folge ihrem Beispiel und träume davon, was Gott in deinem Leben tun kann.

PRAKTISCHE TIPPS
... um große Träume zu verwirklichen

- Schreibe deinen Traum (oder deine Träume) auf und bringe den Zettel irgendwo zu Hause oder bei der Arbeit an, damit du ihn täglich sehen kannst.
- Unternimm Handlungsschritte – und seien es noch so kleine. Bringe den Ball deines Traums ins Rollen. Erkundige dich nach einem Kurs. Lies ein inspirierendes Buch. Suche das Gespräch mit jemandem, der schon erreicht hat, was du erreichen willst. Was immer es ist, gehe den ersten Schritt.
- Starte ein »Traumtagebuch« und fülle es mit Ideen, die großen Glauben erfordern. Jedes Mal, wenn einer dieser Träume wahr wird, feiere das. Erfreue dich an Gottes Güte, denn du weißt: Wenn Gott es einmal tun kann, dann kann er es wieder tun!
- Halte dich an die folgenden fünf Richtlinien, wenn du dir Ziele steckst:
  1. Bitte Gott um Wegweisung.
  2. Bringe das, was du sagst, in Einklang mit dem Traum in deinem Herzen.
  3. Meide Menschen oder Dinge, die dein Vorankommen behindern.
  4. Gönne dir Auszeiten und Zeiten der Entspannung.
  5. Erfreue dich daran, deinen Zielen nachzugehen.

KAPITEL 3

Entscheide dich, anderen zu helfen

Niemand ist nutzlos in dieser Welt, der einem anderen die Bürde leichter macht.

Charles Dickens

Möglicherweise ist dir der Name William Booth kein Begriff, aber bestimmt hast du schon einmal von der Heilsarmee gehört. Nun, es war General Booth, der vor mehr als 150 Jahren zusammen mit seiner Frau Catherine die Heilsarmee gründete. Die Heilsarmee startete 1865 als eine »Armee« ehrenamtlicher Mitarbeiter, um Armen, Notleidenden und Hungernden zu helfen und ihren körperlichen sowie geistlichen Bedürfnissen zu begegnen. Dieser Aufgabe kommt die Heilsarmee auch heute noch nach, und zwar in 127 Ländern auf der ganzen Welt.

Ich bin vor Kurzem auf eine Geschichte von General Booth gestoßen, die ich mit dir teilen möchte:

Es war Heiligabend 1910. General William Booth, der Gründer der Heilsarmee in London, England, näherte sich dem Ende seines Lebens. Um seine Gesundheit war es nicht gut bestellt und er würde nicht in der Lage sein, der alljährlichen Zusammenkunft der Heilsarmee beizuwohnen. Booth war zu einem Invaliden geworden und sein Sehvermögen schwand. Wie sich herausstellen sollte, war dies sein letztes Weihnachten.

Jemand schlug vor, dass General Booth ein Telegramm schicken könnte, um es bei der Eröffnung der Zusammenkunft vorzulesen. Das würde die vielen Mitarbeiter nach

Weihnachten ermutigen, die während der Feiertage und kalten Wintermonate so viele Stunden im Dienst an anderen verbracht hatten. Booth sagte zu.

Da er wusste, dass die Finanzen begrenzt waren, und er kein Geld verschwenden wollte, das für die vielen Notleidenden eingesetzt werden konnte, beschloss General Booth, dass sein Telegramm nur ein Wort enthalten sollte. Er ließ die Jahre seiner Arbeit Revue passieren und suchte nach dem einen Wort, das sein Leben und die Mission der Heilsarmee zusammenfassen und die Mitarbeiter zum Weitermachen ermutigen würde.

Als die Tausenden Delegierten zusammenkamen, gab der Moderator bekannt, dass Booth aus gesundheitlichen Gründen nicht kommen konnte. Eine gedrückte, pessimistische Stimmung breitete sich im Saal aus. Dann gab der Moderator jedoch bekannt, dass Booth eine Botschaft geschickte hatte, die im Rahmen der ersten Sitzung vorgelesen werden sollte. Er öffnete das Telegramm und las das eine Wort vor, aus dem die Botschaft bestand:

Andere![2]

General William Booth verstand etwas, das viele Menschen heute immer noch nicht begriffen haben: Anderen zu helfen macht froh. Es führt zu einem tiefen Frieden, wenn man die Bedürfnisse anderer über die eigenen stellt. Booth nahm sich eindeutig die Worte von Jesus zu Herzen: »*Es ist segensreicher zu geben, als zu nehmen*« (Apostelgeschichte 20,35).

Ich habe dieses Kapitel »*Entscheide* dich, anderen zu helfen« betitelt, weil das eine bewusste Entscheidung ist. Wenn wir keinen besonders guten Tag haben, ist uns selten danach zumute, auch noch anderen zu helfen. Tendenziell konzentrieren wir uns dann nur auf uns selbst. Dabei ist das eigentlich das Schlimmste, was wir tun können, weil es uns nur noch unglücklicher macht.

Vielleicht denkst du jetzt: *Joyce, einem anderen zu helfen ist zwar gut für den anderen, aber was bringt mir das?* Ich bin froh, dass du fragst. Hier ist ein ganz einfaches Beispiel:

Was ist das Beste an Heiligabend oder einer Geburtstagsfeier? Es ist nicht der Moment, in dem du deine *eigenen* Geschenke bekommst (so schön das auch ist). Das Beste ist, erwartungsvoll auf die anderen zu schauen, während sie die Geschenke öffnen, die du ihnen gemacht hast. Ob es ein Freund, dein Ehepartner, deine Kinder oder deine Enkelkinder sind, es hat etwas Wunderbares an sich, die Freude auf den Gesichtern zu sehen, die das Geschenk hervorruft. Das Geschenk zeigt, dass du dir Zeit genommen hast, an den anderen zu denken. Du hast dir überlegt, was ihm gefallen könnte, hast es online oder in einem Geschäft ausgesucht und es schön eingepackt. Jetzt darfst du miterleben, wie der andere es freudig entgegennimmt und für dein »Opfer« dankbar ist.

Nun, du kannst dieses Gefühl der Freude und Erfüllung mehr als ein, zwei Mal im Jahr erleben. Du kannst es jeden Tag erleben!

> Wenn du dich entscheidest, anderen
> zu helfen, verbesserst du nicht nur ihr
> Leben, sondern auch dein eigenes.

Das Geheimnis für einen glücklichen Tag lässt sich in einem Wort zusammenfassen: *Andere!*

Das Paradox der christlichen Botschaft

Das Reich Gottes besteht aus Paradoxien, Dingen, die widersprüchlich oder nicht eingängig erscheinen. Mit anderen Worten, die Bibel gibt uns häufig genau den gegenteiligen Erfolgstipp wie die Gesellschaft. Hier sind einige Beispiele:

- Die Gesellschaft sagt uns, dass wir uns nach vorne drängen und die Erfolgsleiter hochklettern müssen, wenn wir die

Ersten sein wollen. Doch die Bibel sagt uns, dass die Letzten die Ersten und die Ersten die Letzten sein werden (siehe Matthäus 20,16).

- Die Gesellschaft sagt uns, dass wir geizig und habsüchtig sein müssen, um genug zu haben. Doch die Bibel sagt uns: *»Was ihr verschenkt, wird zusammengepresst und gerüttelt, in einem vollen, ja überreichlichen Maß zu euch zurückfließen«* (Lukas 6,38).

- Die Gesellschaft sagt uns, dass wir unsere Feinde hassen und Groll hegen sollen. Doch die Bibel sagt uns: *»Liebt eure Feinde! Betet für die, die euch verfolgen!«* (Matthäus 5,44).

- Die Gesellschaft sagt uns, dass wir für uns selbst werben und unsere Leistungen in den Vordergrund stellen müssen, um gut anzukommen. Doch die Bibel sagt uns: *»Der Größte unter euch muss den anderen dienen«* (Matthäus 23,11).

- Die Gesellschaft sagt uns, dass wir uns um uns selbst kümmern müssen, weil sich sonst niemand um uns kümmert. Doch die Bibel sagt: *Was ein Mensch sät, wird er auch ernten* (siehe Galater 6,7). Säen wir in das Leben anderer, bringt Gott eine gute Ernte in unser eigenes Leben (siehe Galater 6,8).

Mehr noch, die Zusagen Gottes für diejenigen, die anderen helfen, sind erstaunlich. Lies dir einmal folgende Bibelstelle durch:

Glücklich ist, wer für die Armen sorgt. Wenn er in Not gerät, rettet ihn der Herr. Der Herr beschützt ihn und bewahrt sein Leben. Er lässt es ihm gut gehen und rettet ihn vor seinen Feinden. Der Herr stärkt ihn, wenn er krank ist, und hilft ihm wieder auf.

Psalm 41,2-4

Diese drei Verse enthalten eine Reihe von Zusagen und zeigen uns, was für Vorteile es mit sich bringt, anderen zu helfen. Das macht garantiert aus einem schlechten Tag einen glücklichen Tag!

Wie du siehst, herrschen im Reich Gottes andere Spielregeln als in der Gesellschaft. Der Lebensstil, den Gott uns empfiehlt, ist nicht nur viel besser als ein weltlicher Lebensstil, sondern geht auch noch mit himmlischen Zusatzleistungen einher. Deswegen sagt Gott in Jesaja 55,9: *»Denn so viel der Himmel höher ist als die Erde, so viel höher stehen meine Wege über euren Wegen und meine Gedanken über euren Gedanken.«*

Ein weiteres dieser Paradoxien ist das Prinzip, das ich am Anfang dieses Kapitels erwähnt habe: *»Es ist segensreicher zu geben, als zu nehmen«* (Apostelgeschichte 20,35). Auf den ersten Blick scheint das keinen Sinn zu ergeben, oder? Wie kann es »segensreicher« sein, wenn ich anderen etwas gebe, ihnen helfe oder diene? Es scheint doch eher so, dass sie dadurch gesegneter sind und ich bloß geschlauchter bin. Aber die Wahrheit sieht anders aus. Wer sich entscheidet, anderen zu helfen, der kommt nicht zu kurz.

Ich kann dir gar nicht sagen, wie oft ich das schon persönlich erlebt habe. Früher war ich ein sehr egoistischer Mensch. Mir war in meiner Kindheit viel geraubt worden und ich hatte niemanden, der mich beschützte. Mein Vater missbrauchte mich jahrelang und meine Mutter wusste davon, ohne etwas dagegen zu unternehmen. Da kannst du dir sicherlich vorstellen, dass ich später dachte, ich müsse mich um mich selbst kümmern. Lange war es mir nicht bewusst, aber diese Ausrichtung auf mich selbst machte mich total unzufrieden. Ich dachte immer nur darüber nach, wie unglücklich »ich« war, und ich erwartete von anderen, dass sie mein Leben besser machen sollten.

Doch dann begann Gott mir zu zeigen, dass mir meine Freude durch diese Ausrichtung auf mich selbst verloren ging. Ständig dachte ich nur daran, was ich *nicht* hatte und wie andere mir *nicht* halfen. Als ich meinen Blickwinkel änderte und mir vor Augen führte, was ich bereits alles an Gutem hatte und wie ich anderen helfen konnte, änderte sich meine ganze Lebenseinstellung. Ich fing an, regelmäßig kleine Dinge zu tun, um meiner Familie, meinen Freunden und selbst Fremden zu helfen … und entdeckte, dass es Spaß bringt!

Diese Entdeckung kannst du auch machen.

Du kannst jeden Tag dadurch verbessern,
dass du dein Augenmerk von dir selbst
weglenkst, hin zu anderen Menschen.

Du wirst erstaunt sein, wie viel schöner dein Tag sein wird. Statt dich über deine Probleme oder deinen schrecklichen Tag zu beschweren, wirst du dich damit beschäftigen, wie du die Probleme anderer lösen und ihren Tag aufhellen kannst. Das ist eine revolutionäre neue Lebensperspektive, die mit dem Frieden und der Freude einhergeht, die nur Gott schenken kann.

Sei anpassungsfähig

Die meisten egoistischen Menschen wollen ihren eigenen Willen durchsetzen, und ich war früher nicht anders. Eine meiner Voraussetzungen für einen glücklichen Tag lautete, dass die Dinge so laufen mussten, wie ich es wollte. Doch Gott zeigte mir, wie viel Kummer ich auf der Stelle loswerden kann, wenn ich mich schnell auf eine neue Situation oder einen anderen Menschen einstelle.

Anpassungsfähigkeit sorgt für Frieden, und dieser Friede führt zu Freude. Die Veränderung in mir ereignete sich nicht von einem Tag auf den anderen (und in dir wird sie das auch nicht). Es war ein Prozess. Ich setze immer noch gerne meinen Willen durch, aber zumindest bin ich jetzt anpassungsfähiger, wenn etwas nicht wie gewünscht verläuft. Ich habe gelernt, dass ich auf diese Weise glücklicher bleibe, und ich bin fest entschlossen, mein Leben auf alle Fälle zu genießen. Ich habe schon zu viele Jahre unglücklich verbracht und weigere mich deshalb, noch mehr Zeit zu verschwenden.

Heute übe ich mich bewusst in Anpassungsfähigkeit. Wie die meisten Ehepaare mögen Dave und ich nicht immer dasselbe. Beispielsweise gefallen uns unterschiedliche Filme und wir bevorzugen teilweise auch unterschiedliche Restaurants. Also habe ich Dave gesagt, dass er für heute Abend einen Film und ein Restaurant für uns aussuchen darf. Dadurch gehe ich zwar das Risiko ein, dass mir seine Auswahl eventuell nicht gefallen wird, aber Anpassungsfähigkeit erfordert eben Übung. An was oder wen kannst du dich heute anpassen und dadurch vielleicht einen angenehmeren Tag haben?

Wir können lernen, verschiedene Menschen auf unterschiedliche Art und Weise zu lieben. Nicht alle Menschen sind genauso wie wir. Eines unserer Kinder braucht vielleicht mehr Zweisamkeit als die anderen Kinder. Einer unserer Freunde benötigt vielleicht regelmäßig mehr Ermutigung als andere Freunde.

Meine Familie, meine Angestellten und meine Freunde brauchen mich alle, aber sie brauchen mich auf unterschiedliche Weise. Habe ich manchmal das Gefühl, dass andere mich *zu viel* brauchen? Natürlich! Wir alle fühlen uns hin und wieder überlastet. Doch dann erinnere ich mich daran, dass Gott mir für meine Aufgaben auch die nötige Kraft gibt, und dass ich mich glücklich schätzen kann, von so vielen geliebt und gebraucht zu werden.

Die Entscheidung, meine Situation aus diesem Blickwinkel zu betrachten, eröffnet mir eine neue Perspektive. Es weckt Begeisterung in mir, dass ich die Chance habe, meinen Mitmenschen Gutes tun zu können.

> Es reicht nicht, anderen nur zu sagen: »Ich helfe dir gerne.« Wir sollten es nicht bei Worten belassen, sondern tatsächlich etwas tun, um ihren Bedürfnissen zu begegnen.

Mein Mann Dave spielt gerne Golf, also bemühe ich mich darum, dass unser Zeitplan ihm Möglichkeiten zum Golfspielen lässt. Doch ich kann mich an Zeiten erinnern, da nervte es mich total, dass er Golf spielen wollte. Ich war unglücklich, weil ich noch nicht gelernt hatte, Platz für seine Bedürfnisse und Wünsche zu schaffen. Ich wollte, dass *er* sich auf *mich* einstellte, wobei ich gar nicht zur Kenntnis nahm, dass Dave das schon in vielerlei Hinsicht tat. Mir fiel nie auf, was er bereits tat, nur was er *nicht* tat. Das machte mich unglücklich und wirkte sich negativ auf unsere Beziehung aus. Ich bin so froh, dass ich gelernt habe, mich anzupassen und mich auch auf ihn einzustellen. Das ist zwar nicht über Nacht passiert – es war ein Prozess –, aber es hat unsere Ehe sehr verbessert. Ich habe auch festgestellt: Seitdem ich Freude daran habe, Dave immer mal wieder eine Freude zu machen, tut er mehr für mich denn je. Nach fünfzig Ehejahren ist unsere Beziehung schöner als je zuvor.

Sobald du beschließt, eine Person zu sein, die anderen hilft, wird es dir auch nicht schwerfallen, starke, gesunde, wohltuende Beziehungen aufzubauen. Dein Hauptziel im Leben besteht dann darin, die Wünsche anderer über deine eigenen zu stellen. Wenn du das tust, wirst du feststellen, dass Gott dein Leben mit Frieden, Zufriedenheit und unglaublicher Freude füllt!

Ein nicht so geheimes Geheimnis

Der Entschluss, anderen zu helfen, ist mehr als nur eine gute Idee; es ist eines der größten Geheimnisse, um jeden Tag des Lebens genießen zu können.

Menschen wollen anscheinend erst alles andere ausprobieren, ehe sie die Kraft entdecken, die in einem selbstlosen Leben liegt.

Doch als Christen sollten wir nicht überrascht sein, wenn wir merken, wie lebensspendend es ist, andere über sich selbst zu stellen. Ich kann mit Bestimmtheit sagen: Es gibt kaum etwas, das meinem Alltag mehr Freude verliehen hat, als zu lernen, anderen Gutes zu tun. Gott hat mir beigebracht, darauf zu achten, was Menschen sagen. Dabei habe ich festgestellt, dass sie in Gesprächen häufig mitteilen, was sie brauchen, wollen und mögen. Neulich war ich beim Arzt, und die Ärztin erwähnte mehrere Male, wie sehr ihr meine Ohrringe gefielen. Also gab ich die Ohrringe der Arzthelferin und bat sie, sie der Ärztin zu geben, nachdem ich gegangen war. Ich werde die Ärztin erst in drei Monaten wiedersehen und weiß nicht, ob sie sich über das Geschenk gefreut hat oder nicht. Aber ich weiß, dass ich mich darüber gefreut habe. Es gibt Hunderte kleiner Dinge, die wir für andere tun können, also hat niemand von uns eine Ausrede: »Ich weiß nicht, was ich tun soll«, oder: »Ich habe nichts, was ich geben kann.«

Ich glaube, Selbstsucht wird vom Teufel angestiftet. Wir müssen dagegen ankämpfen, sonst wird sie uns beherrschen und uns davon abhalten, das Leben zu genießen. Am effektivsten bekämpfen wir Selbstsucht, indem wir die Initiative ergreifen und anderen Gutes tun!

Die Bibel ist voller Beispiele von Männern und Frauen, die die Bedürfnisse anderer über die eigenen gestellt haben. Ich möchte dich an einige von ihnen erinnern:

Als es nicht genügend Weideplatz für all die Tiere von Abram und seinem Neffen Lot gab, bot Abram seinem Neffen großzügig an zu wählen, wo er sich niederlassen wollte. Abram sagte: »*Dieser Streit zwischen dir und mir und zwischen deinen Hirten und meinen Hirten muss ein Ende haben … Schließlich sind wir miteinander verwandt! Es ist besser, wenn wir uns trennen. Das ganze Land liegt vor dir. Wenn du nach links ziehen willst, werde ich nach rechts ziehen. Gehst du jedoch nach rechts, werde ich mich nach links wenden*« (1. Mose 13,8-9).

Lot war nicht nahezu so selbstlos. Er suchte sich sofort das fruchtbarere Land im Osten aus und überließ Abram das weniger fruchtbare Land. Doch Gott sah, wie Abram seinem Neffen den Vorrang gab, und er schenkte ihm reichliches Wachstum. Abram gedieh weiter, im Gegensatz zu Lot, der sich große Schwierigkeiten einhandelte. Abrams Freundlichkeit und Großzügigkeit brachten viel Gutes für ihn mit sich!

1. Könige 17 erzählt uns die Geschichte der Witwe von Zarpat, die dem Propheten Elia ihr Essen und Wasser gab. Bedenke, dass damals gerade eine Hungersnot herrschte und die Witwe nur noch genug für eine einzige Mahlzeit übrighatte. Ihr Plan war es, diese letzte Mahlzeit für sich und ihren Sohn zuzubereiten und danach – davon ging sie aus – zu sterben. Doch dann tauchte Elia auf, weil Gott ihn in die Stadt der Witwe geschickt hatte, und er bat sie um etwas zu essen und trinken.

Es wäre verständlich gewesen, wenn die Witwe sich Elias Bitte verweigert hätte. Niemand hätte weniger von ihr gehalten, wenn sie nicht bereit gewesen wäre, ihre letzte Mahlzeit wegzugeben. Doch diese Frau stellte Elias Bedürfnisse über ihre eigenen. Sie gab ihm das Essen und Wasser, um das er sie gebeten hatte – und dann geschah das Wunder. Von dem Tag an nahm das Mehl im Topf kein Ende und das Öl im Krug ging nicht zur Neige (siehe 1. Könige 17,16). Das waren ihre Zutaten zum Brotbacken, und sie gingen nicht mehr aus! Von dem Tag an, an dem sie Elia den Vorrang gab, bis zum Ende der Hungersnot versorgte Gott sie übernatürlich mit allem, was sie und ihr Sohn brauchten!

Ich muss auch an die Beziehung zwischen David und seinem besten Freund Jonathan denken. In 1. Samuel 18,1 steht, dass Jonathan sich tief mit David verbunden fühlte und ihn liebte »wie sein eigenes Leben«.

Falls du die Geschichte kennst, erinnerst du dich bestimmt, dass Jonathan der Sohn von König Saul war und ihm eigentlich auf den Thron folgen sollte. Doch Gott hatte andere Pläne. Statt Jonathan zum König zu salben, schickte Gott den Propheten Samuel zu Davids Familie, um ihn zum nächsten König von

Israel zu ernennen. Jonathan hätte neidisch, verbittert und wütend sein können. Er hätte Groll gegen David hegen und versuchen können, dessen Aufstieg zum Thron mit aller Macht zu verhindern. Stattdessen tat Jonathan das genaue Gegenteil. Als König Saul einen Plan schmiedete, um David zu töten, stellte Jonathan die Bedürfnisse von David über die eigenen. Er warnte David vor der drohenden Gefahr und half ihm sogar bei der Flucht. Jonathans Freundschaft und Treue sind uns heute noch ein Vorbild. Er ist das perfekte Beispiel eines Menschen, der die Bedürfnisse eines anderen über die eigenen stellt!

Die Liste endet nicht mit diesen drei Geschichten. Es gibt noch viele andere. Die vier Männer, die ihren gelähmten Freund zu Jesus brachten (siehe Markus 2,3); Jakob, der weitere sieben Jahre für Laban arbeitete, um Rahel heiraten zu dürfen (siehe 1. Mose 29,27); Jesus, der die Füße seiner Jünger wusch (siehe Johannes 13,4-5); Paulus und Silas, die ihrem Gefängniswärter halfen, obwohl sie hätten fliehen können (siehe Apostelgeschichte 16,23-32) – die Liste biblischer Beispiele für Selbstaufopferung nimmt gar kein Ende.

In diesem Sinne wollen wir endlich ein Ja zu dem nicht so geheimen Geheimnis finden und dem biblischen Modell folgen, anderen den Vorrang zu geben. Das gehört zu den besten Dingen, die wir tun können, um jeden Tag unseres Lebens zu genießen. Ob es nun etwas Kleines ist, wie eine Besorgung für einen Freund zu erledigen, oder etwas Größeres, wie sich einmal die Woche ehrenamtlich für die Bedürftigen vor Ort einzusetzen – es ist alles wichtig. Es ist alles lebensverändernd!

Wenn »andere« zu unserem
ersten Gedanken werden, wird
Freude zu unserer neuen Realität.

Nicht vergessen:

- Dadurch, dass wir anderen helfen, entdecken wir die Wahrheit der Worte Jesu: *»Es ist segensreicher zu geben, als zu nehmen«* (Apostelgeschichte 20,35).
- Das Reich Gottes besteht aus Paradoxien, Dingen, die widersprüchlich und nicht eingängig erscheinen. Freude daran zu finden, die eigenen Bedürfnisse zugunsten anderer zurückzustellen, ist eine dieser Paradoxien.
- Anpassungsfähigkeit ist ein Schlüssel, um wirklich glücklich zu sein.
- Die Bibel ist voller Beispiele von Männern und Frauen, die anderen halfen. Es ist nicht bloß eine gute Idee, sondern das biblische Modell für einen richtigen Lebensstil.

PRAKTISCHE TIPPS
... um anderen zu helfen

- Bevor du etwas tust, nimm dir ein wenig Zeit, um deine Mitmenschen wahrzunehmen. Was sind ihre Bedürfnisse? Wem könntest du helfen? Wie kannst du am effektivsten sein?
- Kaufe ermutigende Karten oder schönes Briefpapier und hinterlasse motivierende Notizen für Freunde, Familienmitglieder oder Kollegen.
- Rufe jemanden an, mit dem du schon länger nicht gesprochen hast, und sage ihm, dass du an ihn gedacht hast und ihn wertschätzt.
- Setze dir zum Ziel, heute mindestens drei Menschen zum Lächeln zu bringen, indem du ihnen ein aufrichtiges Kompliment machst.

KAPITEL 4

Überprüfe deine Erwartungen

*Vertraue auf den Herrn! Sei mutig und tapfer und
hoffe geduldig auf den Herrn!*

Psalm 27,14

Ich möchte dir etwas über drei Menschen erzählen, die wir Emily, Ben und Lisa nennen wollen. Während du ihre Geschichten liest, frag dich einmal, mit welcher dieser Personen du dich am ehesten identifizierst.

Fangen wir mit Emily an. Sie ist eine treue Ehefrau und liebende Mutter von zwei hübschen Kindern. Sie geht jedes Wochenende zur Kirche, arbeitet ehrenamtlich in der Schule und bringt ihre Kinder an den meisten Wochentagen von der Schule zum Klavierunterricht und Fußballtraining. Äußerlich gesehen hat Emily ein gutes Leben ohne große Sorgen. Doch die Wahrheit sieht anders aus.

Tatsächlich ist Emily nicht annähernd so glücklich, wie man es aufgrund ihrer Umstände vielleicht erwarten würde. Sie wacht jeden Morgen mit einem Gefühl ängstlicher Vorahnung auf und fragt sich, was an diesem Tag wohl alles schieflaufen könnte. *Wird mein Mann heute seine Arbeitsstelle verlieren? Wird sich eines meiner Kinder heute beim Fußballtraining verletzen? Wird der Arzt mir heute schlechte Nachrichten überbringen?*

Weißt du, es gibt etwas, das ich in Bezug auf Emily bislang nicht erwähnt habe. Sie hatte eine äußerst schwierige Kindheit. Ihr Vater verließ die Familie, als sie noch sehr klein war, und ihre Mutter durchlebte daraufhin weitere Ehen und Scheidungen. Als Kind wurde Emily oft verletzt und enttäuscht. Sie gewöhnte sich daran, dass das Geld knapp war, der neue Stiefvater abhaute und ihre Klassenkameraden sich über ihre Klamotten aus dem Secondhandladen lustig machten. Sie lernte schon früh im Leben, mit dem Schlimmsten zu rechnen. Diese Erwartungen sind ihr ins Erwachsenenalter gefolgt. Deshalb kann sie selbst heute ihr Leben nicht genießen. Statt auf das Beste zu hoffen, rechnet sie immer mit dem Schlimmsten. Emily sollte eigentlich glücklich sein … ist es aber nicht.

Jetzt möchte ich dir von Ben erzählen. Er ist ein unverheirateter, fleißiger junger Berufstätiger, der gerne aktiv ist. Wenn er nicht arbeitet, ist er gewöhnlich in der Kirche oder verbringt Zeit mit Freunden. Obwohl er ein überaus geselliger Mensch ist, sind andere oft eine Quelle der Frustration für ihn. Er erwartet viel von ihnen. Hat er einen schlechten Tag, geht er davon aus, dass seine Freunde ihn ermutigen und aufheitern. Erledigt er eine Aufgabe bei der Arbeit, lechzt er förmlich nach Lob von seinem Chef. Braucht er Rat, hofft er, dass die Mitglieder seiner Bibelgruppe die perfekten Worte der Weisheit für ihn haben. Doch allzu oft werden seine Erwartungen enttäuscht. Er fühlt sich von Menschen immer wieder im Stich gelassen, und er weiß nicht, was er daran ändern kann. Ben sollte eigentlich Freude an den vielen Freunden in seinem Leben haben … hat er aber nicht.

Damit du nicht entmutigt wirst, möchte ich dir nun von Lisa erzählen. Sie ist eine alleinerziehende Mutter von drei Kindern. Eins ist bereits erwachsen und die anderen beiden stecken gerade im Teenageralter. Lisa hat in ihrem Leben schon ziemlich viel durchgemacht. Dennoch hat sie vor langer Zeit gelernt, sich nicht von ihren Umständen bestimmen zu lassen. Sie wacht jeden Tag mit Hoffnung auf. Sie weiß zwar nicht, was der Tag bringen wird, aber sie ist zuversichtlich, dass Gott alles im Griff hat. Aus diesem Glauben schöpft sie Hoffnung für ihre Zukunft.

Obwohl Lisa bei der Arbeit enormem Druck ausgesetzt ist und zu Hause jeden Abend die beängstigende Aufgabe auf sie wartet, Teenager großzuziehen, lässt sie sich davon nicht überwältigen. Statt Sorgen und Ängsten Raum zu geben, trifft sie die tägliche Entscheidung, auf Gott zu vertrauen. Außerdem lässt sie nicht zu, dass ihre Arbeit und die Anforderungen anderer ihren Lebensrhythmus vorgeben. Sie nimmt sich vielmehr jeden Morgen Zeit, um Gott zu fragen, was er an diesem Tag von ihr möchte. Versteh mich nicht falsch: Lisa ist nicht perfekt. Sie macht häufiger Fehler, als ihr lieb ist. Aber sie ist fest entschlossen, Gott immer wieder um Wegweisung zu bitten und mit der stillen Gewissheit zu leben, dass er für jeden Tag ihres Lebens ein Ziel und einen Plan hat. Lisa hat das Geheimnis entdeckt, wie sie aus jedem Tag einen glücklichen Tag machen kann. Sie weiß, dass Gott gut ist, und hat gelernt, ihre Erwartungen an ihn zu richten statt an Freunde oder ihre Umstände. Genau wie uns alle hat Gott auch Lisa geschaffen, um ein reiches, erfülltes, glückliches Leben zu führen … und das tut sie auch!

Also, ich möchte dich fragen: Bist du eher wie Emily, Ben oder Lisa? Emily hat gelernt, mit dem Schlimmsten zu rechnen. Sorgen, Ängste und Grauen gehören zu ihrem Alltag. Ben erwartet viel von Menschen – vielleicht etwas zu viel. Statt sich mit seinen Bedürfnissen an Gott zu wenden, erwartet er, dass andere Menschen seinen Bedürfnissen begegnen. Lisa ist da anders. Sie hat gelernt, ausgewogen zu leben. Sie lässt sich weder von ihrer Vergangenheit bestimmen noch baut sie auf Menschen. Vielmehr beginnt sie jeden Tag damit, Gott nach seinem Willen für den Tag zu fragen. Ihr Leben war zwar nicht leicht, aber es hat sie gelehrt, ihre Erwartungen regelmäßig zu überprüfen und immer wieder neu auszurichten.

Falls du dich mehr mit Emily oder Ben identifizierst, sei nicht entmutigt. Das ging mir ähnlich. Aus dem Grund wusste ich von vornherein, dass ich das Thema Erwartungen in diesem Buch ansprechen muss.

> Negative und falsche Erwartungen
> sind Feinde, die dir deine Freude
> rauben.

Lernst du hingegen, deine Erwartungen auf Gott auszurichten und sie in Einklang mit seinen guten Zielen und Plänen für dein Leben zu bringen, wirst du erstaunt sein, wie schnell und wie positiv sich das auf deinen Alltag auswirken wird. Wenn du ein bisschen von Emily oder Ben in dir siehst, lies weiter. Dieses Kapitel kann dir neue Richtungsweisung schenken. Weißt du, selbst wenn andere Menschen oder auch bestimmte Umstände nicht deinen Erwartungen entsprechen, können deine Erwartungen Gott gegenüber unverändert bleiben. Rechne damit, seine Güte zu erleben.

Nicht mit dem Schlimmsten rechnen

Wer eine Reihe schmerzhafter oder enttäuschender Erfahrungen gemacht hat, kann leicht an den Punkt kommen, wo er nur noch weitere solcher Erlebnisse erwartet. Wie Emily hat so ein Mensch viel Schweres durchgemacht und geht davon aus, dass mehr desgleichen auf ihn zukommt. Das kenne ich aus eigener Erfahrung, aber ich habe entdeckt, dass Gott ein besseres Leben für mich bereithält.

Nachdem ich meine Kindheit hinter mich gebracht hatte, in der ich von meinem Vater wiederholt missbraucht worden war, heiratete ich den ersten Typen, der des Weges kam. Ich war jung und wusste es nicht besser. Tragischerweise war mein erster Mann noch kaputter als ich. Er misshandelte mich und verließ mich schließlich. Unsere Ehe war am Ende. Als ich dann Dave kennenlernte, hatte ich viel Wut im Bauch und besaß keinerlei Hoffnung mehr. Ich versuchte lediglich, jeden Tag irgendwie über die Runden zu kommen.

Aufgrund der schmerzlichen Erfahrungen, die ich gemacht hatte, rechnete ich immer mit dem Schlimmsten. Selbst nachdem sich meine Gottesbeziehung gefestigt hatte, blieb dieses Problem noch eine Zeit lang bestehen. Eines Morgens wies mich Gott darauf hin, wie negativ meine Erwartungen waren.

Unterschwellig hatte ich ständig böse Vorahnungen und machte mich innerlich auf tägliche Enttäuschungen gefasst.

In Sprüche 15,15 steht: *Für die Elenden bringt jeder Tag Sorgen; aber für ein fröhliches Herz ist jeder neue Tag ein Fest.* Statt ein »fröhliches Herz« zu haben, war ich zu einer Person geworden, die sich von Sorgen und bösen Vorahnungen bestimmen ließ. Kein Wunder, dass ich einen schlechten Tag nach dem anderen hatte! Als ich diesen Vers las, begriff ich, dass viele meiner Sorgen eigentlich unbegründet waren. Ich hatte böse Vorahnungen in Bezug auf Dinge, die überhaupt nicht passieren würden. Rückblickend konnte ich erkennen, welche Auswirkungen diese sorgenvolle Einstellung auf verschiedene Situationen gehabt hatte. An dem Abend zum Beispiel, an dem Dave mir seinen Heiratsantrag machen wollte, sagte er zunächst nur, er wolle mit mir reden. Meine erste Reaktion waren Sorge und Angst, weil ich dachte, er würde mit mir Schluss machen. Ich folgte meinem gewöhnlichen Muster, immer mit dem Schlimmsten zu rechnen. Ich erinnere mich noch, wie mein Vater in meiner Kindheit oft sagte: »Du kannst niemandem trauen. Alle wollen dich reinlegen.« Heute weiß ich, dass er so dachte, weil er selbst so war. Ich ließ meine Denkweise von dieser negativen Einstellung programmieren. Gott sei Dank können wir unser Denken durch die Bibel erneuern und Gottes Wohlwollen erleben (siehe Römer 12,2).

Immer wenn ich mit etwas Schlechtem rechnete, raubte mir diese Erwartung meine Freude. Als ich jedoch lernte, Gutes zu erwarten, öffnete das den Plänen Gottes für mein Leben Tür und Tor (siehe Klagelieder 3,25). Ich möchte dir vorschlagen, an schlechten Tagen deine Erwartungen zu überprüfen. Sollten sie nicht in Ordnung sein, kannst du schnell eine Korrektur vornehmen, die wieder Freude in dein Leben bringt.

Falls du dich mit meiner Geschichte identifizieren kannst, möchte ich dich wissen lassen, dass Gott nichts als gute Pläne für dich auf Lager hat. Er ist ein guter Vater, der Gutes plant. Jeremia 29,11 drückt das so aus: »*Denn ich weiß genau, welche*

*Pläne ich für euch gefasst habe‹, spricht der Herr. ›Mein Plan ist,
euch Heil zu geben und kein Leid. Ich gebe euch Zukunft und Hoffnung.‹«* Das heißt nicht, dass du keine Enttäuschungen oder
Schwierigkeiten erleben wirst. Doch solange du deine Erwartungen auf Gott und seine Güte ausrichtest, wirst du erfahren,
wie seine guten Pläne Realität werden.

Erwarte nicht von Menschen, was nur Gott geben kann

Wir dürfen im Leben Gutes erwarten, aber das Beste sollten wir
nur von Gott erwarten. Alles andere führt zu Frustration und
Enttäuschung. Deshalb ist es wichtig, dass wir unsere Erwartungen überprüfen und dafür sorgen, dass sowohl sie als auch
unsere Hoffnung und unser Vertrauen auf Gott gerichtet sind,
nicht auf eine Person, die uns enttäuschen kann.

Es ist nicht so, dass wir Menschen nicht vertrauen
dürfen. Der Schlüssel ist, Gott zu sagen, was wir
brauchen, und dann darauf zu vertrauen, dass er
durch jemanden wirkt.

Gott gebraucht Menschen, aber er muss unsere Quelle bleiben.
Dann werden wir nie enttäuscht werden. Gott gibt uns vielleicht nicht immer genau das, was wir erwarten, aber er gibt
uns das, was am besten ist.

Wie die meisten Menschen habe ich jahrelang von anderen
erwartet, dass sie mich glücklich machen, meine Bedürfnisse
erfüllen und mich nie enttäuschen. Das waren unrealistische
Erwartungen. Auf diese Weise setzte ich Menschen unter
Druck, Dinge für mich zu tun, die ihnen häufig gar nicht möglich waren. Niemand kann uns wirklich ein gutes Selbstwertgefühl geben außer Gott. Solange wir nicht lernen, unsere

Bedürfnisse von ihm stillen zu lassen, sind regelmäßige Enttäuschungen vorprogrammiert.

Bist du vielleicht gerade wütend auf eine Person, die deine Erwartungen nicht erfüllt hat? Wie lange bist du bereits unglücklich oder verärgert, weil jemand nicht getan hat, was du von ihm erwartet hast? Ich schäme mich, wenn ich daran denke, wie hoch die Zahl solcher Tage in der Vergangenheit bei mir war.

Wenn du dir einen besseren Tag wünschst, solltest du vielleicht einmal deine Erwartungen unter die Lupe nehmen. Sind sie möglicherweise unangemessen? Sollte das der Fall sein, kannst du deine Erwartungen anpassen, indem du dich mit deinen Bedürfnissen immer zuerst an Gott wendest.

Menschen verletzten oder enttäuschen uns meistens nicht mit Absicht. Die Wahrheit ist, dass wir uns von Zeit zu Zeit gegenseitig enttäuschen, weil wir unvollkommen sind. Wir alle haben Schwächen. Jeder Mensch ist ein Stück weit egoistisch und handelt eher in seinem eigenen Interesse als im Interesse anderer. Das egoistische Verhalten anderer muss jedoch keine Wut oder Bitterkeit in uns hervorrufen. Wir sollten nicht auf Menschen bauen, sondern auf Gott. Er allein kann uns Frieden und Zufriedenheit schenken. Je reifer wir – geistlich gesehen – werden, umso klarer wird uns, dass Freunde und Familie zwar eine wunderbare Quelle der Ermutigung sein können, sie aber nie Gott – die wahre Quelle der Zuversicht, Freude und Kraft – ersetzen können.

Gott hilft gerne

Bitte Gott um Hilfe. Er sagt immer Ja. Vielleicht denkst du jetzt: *Das stimmt nicht. Ich bin unglücklich, weil ich ihn um etwas gebeten habe, er aber noch nicht Ja gesagt hat!* Nur weil Gott dir nicht gibt, worum du ihn bittest, heißt das nicht, dass er dir seine Hilfe verweigert. Vielleicht wartet er nur darauf, dass du sagst: »Herr, nicht mein Wille geschehe, sondern deiner.«

Jesus bat darum, dass ihm, wenn möglich, die Qual und die Schande des Kreuzes erspart bleiben möge, doch fügte er seiner Bitte ganz schnell hinzu: »*Wenn dieser Kelch nicht an mir vorübergehen kann, dann geschehe dein Wille*« (Matthäus 26,42).

Wir neigen dazu, um Dinge zu bitten, von denen Gott weiß, dass sie entweder nicht gut für uns wären oder nicht zu seinem Gesamtplan für unser Leben passen würden. Ich vertraue darauf, dass Gott mir gerne hilft. Allerdings habe ich auch Folgendes gelernt: Er wird mir nicht unbedingt so helfen, wie ich es will oder zu dem von mir gewünschten Zeitpunkt.

Gott ist immer gut. Das ist sein Wesen. In Psalm 107,1 steht: *Dankt dem Herrn, denn er ist gut und seine Gnade bleibt ewig bestehen.* Wir können Gutes von Gott erwarten und dürfen uns von Herzen darauf freuen. Gott hält sehnsuchtsvoll nach Menschen Ausschau, die damit rechnen, dass er gut zu ihnen ist. Gott *möchte* dir Gutes tun, aber um das zu erleben, musst du auch erwarten, dass er handelt. Heute ist genau der richtige Tag, um zu glauben, dass du etwas Gutes erleben wirst. Wenn du das tust, sieht dein Tag schon viel besser aus! Gott ist gerade jetzt in deinem Leben aktiv, und er möchte, dass du das Leben, das er dir geschenkt hat, genießt.

Nicht vergessen:

- Negative und ungesunde Erwartungen können sich schädlich auf dein Leben auswirken.
- Ganz gleich welche schmerzhaften Erfahrungen du in der Vergangenheit gemacht hast, widerstehe der Versuchung, dein Leben von bösen Vorahnungen bestimmen zu lassen. Rechne nicht mit dem Schlimmsten, sondern hoffe auf das Beste.
- Du kannst starke, gesunde Beziehungen zu anderen aufbauen, solltest sie aber nicht als deine Hauptstütze ansehen. Gott ist dein wahres Fundament!
- Wenn du deinen Tag verbessern willst, nimm deine Erwartungen unter die Lupe.

PRAKTISCHE TIPPS
... um deine Erwartungen zu überprüfen

- Mach dir eine Liste davon, was du erwartest und von wem du es erwartest. Achte darauf, dass du Gutes von der richtigen Quelle erwartest.
- Jedes Mal, sobald du dir Sorgen machst oder Ängste verspürst, weil etwas schieflaufen könnte, halte inne und danke Gott dafür, dass er gut ist. Sage ihm, dass du dich auf das freust, was an diesem Tag alles gelingen wird.
- Bedanke dich, wenn jemand dir etwas Nettes tut oder sagt, aber denke auch daran: Eigentlich steckt Gott dahinter. Er gebraucht Menschen.

KAPITEL 5

Lass dir vor nichts grauen

Der Herr ist mein Licht und mein Heil, vor wem sollte ich mich fürchten? Der Herr ist meines Lebens Kraft, vor wem sollte mir grauen?

Psalm 27,1 (SLT)

Vorbeugende Maßnahmen sind oft am besten und am gesündesten. Probleme zu unterbinden, bevor sie entstehen, macht den Alltag viel angenehmer. Zum Beispiel:

- Ein regelmäßiger Ölwechsel lässt das Auto besser laufen und verhindert viele Motorprobleme.
- Regelmäßige Untersuchungen beim Haus-, Augen- und Zahnarzt sorgen dafür, dass gesundheitliche Probleme vermieden oder früh erkannt werden.
- Wer regelmäßig Zeit mit seinem Partner verbringt, stärkt die Beziehung und erspart sich möglicherweise große Probleme in der Zukunft.

Das gilt aber nicht nur für dein Auto, deine Gesundheit und deine Beziehungen. Vorbeugende Maßnahmen sind in jedem Lebensbereich ein entscheidendes Element. Willst du seelisch gesund sein und Frieden haben? Dann unterbinde die Probleme am besten, bevor sie sich einnisten. Dazu gehört auch, sich zu entschließen: *Ich gebe dem Gefühl des Grauens nicht nach.*

Grauen ist ein Vorläufer der Angst. Es fängt ganz subtil an, durch Gedanken wie: *Puh, jetzt beginnt die Woche wieder. Es stehen so viele Sachen an, die mir keinen Spaß bringen. Mein Chef ist von seiner Geschäftsreise zurück und das Arbeitsklima ist immer angespannter, wenn er da ist.* Derartige Gedanken schaffen ein Gefühl des Grauens, das zu einem gefrusteten, ängstlichen und unglücklichen Leben führt.

In dem Moment, in dem du merkst, wie sich das Grauen einschleicht, solltest du vorbeugende Maßnahmen ergreifen. Geh das Problem an, bevor daraus ausgewachsene Ängste und Sorgen werden. Du musst dir deine Freude nicht kaputt machen lassen. Du kannst sagen: »Es soll mir nicht vor dem heutigen Tag grauen. Ich werde mich nicht von Sorgen bestimmen lassen. Ich erlaube es nicht, dass sich daraus Ängste entwickeln!« Genau wie beim regelmäßigen Ölwechsel oder der jährlichen ärztlichen Untersuchung kannst du spätere Probleme vermeiden, indem du das Grauen schon im Frühstadium angehst.

Was ist Grauen?

Grauen bedeutet nichts weiter, als Schlechtes oder Unangenehmes zu erwarten. Man legt sich gewissermaßen fest, etwas, das man tun muss, *nicht* zu genießen. Das ist aus folgendem Grund gefährlich: Es ist das genaue Gegenteil von Hoffnung und Glauben. Hoffnung ist die zuversichtliche Erwartung, dass etwas Gutes geschieht, und Glaube vertraut darauf, dass Gott immer das Beste tut. Gott fordert uns auf, im Glauben zu leben und glaubensvoll zu handeln!

Wir sollten mit einer positiven Erwartungshaltung leben und Freude an Dingen haben, statt unsere Kraft von Gefühlen des Grauens aufzehren zu lassen.

Vielleicht findest du es normal, dass dir vor dem kommenden Tag graut, dass dich der Gedanke belastet, wieder zur Arbeit gehen zu müssen, oder dass du frustriert bist, weil du nach der Arbeit noch Besorgungen machen musst. Doch Gott hält etwas

Besseres für dich bereit als ein Leben, das von Frust gekennzeichnet ist. In 2. Timotheus 1,7 steht:

Denn Gott hat uns nicht einen Geist der Furcht gegeben, sondern einen Geist der Kraft, der Liebe und der Besonnenheit.

Und Psalm 23,4 drückt es so aus:

Auch wenn ich durch das dunkle Tal des Todes gehe, fürchte ich mich nicht, denn du bist an meiner Seite. Dein Stecken und Stab schützen und trösten mich.

Mit Gott an deiner Seite gibt es nichts, was du nicht überwinden könntest, und dazu gehört auch das Gefühl des Grauens. Also, das nächste Mal, wenn dir wieder vor dem kommenden Tag graut, triff sofort vorbeugende Maßnahmen. Lass nicht zu, dass dieses Gefühl in deinem Leben Fuß fasst. Gott hat dich nicht geschaffen, damit du deinem Tag oder deinem Leben mit negativen Gefühlen begegnest. Du sollst vielmehr die Freude erleben, die mit der Hoffnung und dem Glauben auf Besseres einhergeht!

Wie du das Grauen sofort stoppen kannst

Möglicherweise denkst du beim Lesen dieses Kapitels: *Nun, das klingt ja so, als ob sich jeder vor Dingen graut. Wie soll ich das dann stoppen, wenn es derart weit verbreitet ist? Wie kann ich frei vom Gefühl des Grauens leben?*
Ich glaube, der erste Schritt besteht darin, den Heiligen Geist zu bitten, dich jedes Mal darauf hinzuweisen, wenn Grauen vor etwas aufkommt. Es ist viel einfacher, sich nicht mehr vor Dingen zu grauen, wenn einem bewusst wird, dass man dieses Gefühl hat und dass es ein Problem ist, anstatt es einfach hinzunehmen. Ertappe ich mich dabei, wie mir vor etwas graut,

sage ich: *Mir wird vor dieser Sache nicht nur nicht grauen, sondern ich werde sie mit Freude erledigen, weil Gott mit mir ist bei allem, was ich tue.*

Sobald du merkst, wie Widerwillen oder Grauen in dir aufsteigt, erinnere dich daran, dass dieses Gefühl nicht von Gott kommt. Ob dir nun vor der Hausarbeit, einem Treffen mit einem Kollegen oder einer anstehenden Reise graut – es gibt kein Grauen, das gesund und vorteilhaft für dein Leben ist.

Wenn du das Grauen gleich zu Beginn wahrnimmst, wirst du in der Lage sein, es sofort zu stoppen. Zu viele Menschen gehen durchs Leben, ohne überhaupt zu merken, was ihnen ihre Freude raubt. Sie haben schlechte Tage, wissen aber nicht, warum. Halte dir vor Augen, was Grauen ist: ein Freudenräuber. Das wird dich motivieren, dagegen anzukämpfen. Was mich zum nächsten Punkt führt …

Bringe es Gott

Allzu oft versuchen wir unsere Kämpfe selbst auszutragen. Das geht zwangsläufig mit Versagen einher und führt dazu, dass wir frustriert sind und aufgeben wollen. Deshalb empfehle ich dir, deine Gefühle des Grauens lieber Gott zu bringen. Sag ihm: »Vater, es graut mich vor Dem-und-dem. Wenn das tatsächlich etwas ist, was ich nicht tun soll, dann zeig es mir bitte. Aber wenn ich es tun soll, dann hilf mir, es mit Freude zu tun.« Ein solches Gebet versetzt dich in eine viel bessere Lage, deinen Tag zu genießen.

Gott kann Dinge durch dich tun,
die du allein nie bewerkstelligen
könntest, also kämpfe nicht aus
eigener Kraft gegen das Grauen
an.

Konzentriere dich auf deine Beziehung zu Gott. Erfreue dich an ihm und seiner Nähe. Das befähigt dich, eine Aufgabe, die dir sonst unangenehm wäre, mit einer positiven Einstellung zu erledigen.

Finde an allem das Gute

Ich habe entdeckt, dass große Kraft darin liegt, positive, glaubensvolle Worte über meinen Tag auszusprechen. Statt über die Dinge zu reden, vor denen mir graut, kann ich die Zusagen Gottes über meinen Tag aussprechen. Das führt zu großartigen Ergebnissen.

Statt zu sagen: »Ach, warum muss ich ausgerechnet heute noch einkaufen gehen? Das wird dort bestimmt wie im Irrenhaus sein«, kann ich sagen: »Ich bin so dankbar, dass ich Geld für Lebensmittel habe und ein Auto besitze, mit dem ich zum Supermarkt fahren kann.«

Statt zu sagen: »Bäh, das sieht nach Regen aus. Das schlechte Wetter ruiniert mir die Frisur. Wie deprimierend!«, kann ich sagen: »Ich bin in der Lage, bei jedem Wetter einen schönen Tag zu haben. Ich lass mir meine Freude doch nicht von so etwas Nebensächlichem wie dem Wetter rauben!«

Statt zu sagen: »Ich muss diese Woche so viel arbeiten; mir graut davor. Ich kann es kaum abwarten, bis die Woche vorbei ist«, kann ich sagen: »Es sieht nach einer herausfordernden Arbeitswoche aus. Ich bin gespannt, was Gott alles tun wird. Ich werde mein Bestes geben und darauf vertrauen, dass Gott den Rest tut. Ich freue mich schon auf die Resultate!«

Siehst du den Unterschied? Dadurch, dass du änderst, was du sagst, kannst du den unangenehmen Gefühlen Einhalt gebieten. Nimm keine Worte in den Mund, die noch zusätzliche Probleme schaffen. Sprich im Glauben Gottes Zusagen aus, denn das öffnet ihm die Tür, in deinem Leben aktiv zu werden.

Vertraue der Bibel

Ich bin überzeugt:

Die Bibel bietet uns die absolut
beste Lösung für Grauen, Ängste
und Sorgen.

Beschäftige dich eingehend mit ihr. Entdecke die darin enthaltenen Zusagen Gottes für dein Leben. Dann wirst du dem Druck der unangenehmen Gefühle nicht nachgeben. Wenn das Grauen deinen Tag ruinieren will, wirst du in der Lage sein, es mit der Wahrheit der Bibel zu überwinden.

Ich denke an viele biblische Beispiele: Petrus, David, Rut, Ester, Maria, Abraham, Mose. All diese Glaubenshelden machten auch schwere Tage durch. Sie hätten dem Grauen und der Angst nachgeben können, doch sie schreckten vor ihren Herausforderungen nicht zurück. Sie entschieden sich, Gott zu vertrauen und die Herausforderungen anzupacken. Was für wunderbare Vorbilder! Wir sollten uns mit Gottes Zusagen beschäftigen und Kraft aus diesen (und vielen anderen) Beispielen schöpfen. Dann können uns unsere unangenehmen Gefühle unmöglich besiegen. Wie gesagt, ist die Bibel Gottes Hauptkommunikationsmittel. Wenn wir sie in Ehren halten, können wir jedes Mal die Oberhand über das Grauen gewinnen. Ohne die Bibel hätte ich überhaupt nicht gewusst, dass Grauen ein Problem in meinem Leben darstellte! Der Teufel benutzte es viele Jahre lang, um mir meine Freude zu rauben und an meinen Kräften zu zehren. Doch die Bibel hat mich gelehrt, dass ich ihm widerstehen und das Grauen stoppen kann. Dieselbe Möglichkeit steht dir offen.

Sei aufsässig

Wenn es um Grauen und Furcht geht, möchte ich dich ermutigen, entschlossen, sorgfältig und aufsässig zu sein. Das Wort »aufsässig« drückt aus, unkooperativ zu sein. Es ist an der Zeit, dass du nicht mehr mit dem Grauen zusammenarbeitest! Mach es dir zur Aufgabe, es bei jeder Gelegenheit auszurotten. Erkenne, dass vom Grauen nichts Gutes kommt, und entschließe dich, ihm die Stirn zu bieten, wann immer es sich in deinem Leben blicken lässt.

Wir verfallen leicht dem Denken, dass wir etwas, das schwierig ist, unmöglich genießen können. Doch mit Gottes Hilfe bist du in der Lage, Unglaubliches zu leisten. Du kannst sogar lernen, Dinge zu genießen, vor denen dir einst graute! Die Erwartung, dass dir Unangenehmes bevorsteht, führt nur zu einem frustrierten, jämmerlichen, unglücklichen Leben. Warum nicht etwas Besseres wählen? Wähle doch lieber Hoffnung und Glauben und lass dich von Gott überraschen. Er ist gut. Ganz gleich welche Aufgaben in den kommenden Tagen anstehen, Gott kann daraus etwas machen, was du mit Freude tust.

Selbst die niedrigsten Tätigkeiten können fröhlich erledigt werden. Mit der richtigen Einstellung kann das Geschirrspülen zu einer Zeit des Nachsinnens über die Güte Gottes werden. Der Hausputz kann zu einer Zeit des Betens für andere werden. Dank einer neuen inneren Haltung lässt sich der lange Arbeitsweg nutzen, um wichtige Dinge zu erledigen. Aus der richtigen Perspektive betrachtet, wird das *Hindernis* bei der Arbeit zu einer *Chance*. Es hängt alles davon ab, ob du aufsässig genug bist, dem Grauen die Stirn zu bieten und ein Ja zu Hoffnung und Glauben zu finden. Entscheide dich heute, diesen Tag mehr zu genießen, als du es je für möglich gehalten hast. Du kannst dich an jedem Tag erfreuen, indem du dich dem Grauen verweigerst!

Nicht vergessen:

- Grauen ist der Vorläufer von Angst. Wenn sich Grauen einschleicht, kannst du vorbeugende Maßnahmen treffen. Geh diese Gefühle an, damit sie sich nicht zu ausgewachsenen Ängsten oder Sorgen entwickeln.
- Grauen ist das Gegenteil von Hoffnung und Glauben.
- In dem Moment, in dem ein Gefühl des Widerwillens oder des Grauens in dir aufsteigt, erinnere dich daran, dass dieses Gefühl nicht von Gott kommt.
- Du kannst Gottes Zusagen über deinen Tag aussprechen, statt über die Dinge zu reden, vor denen dir graut. Das führt zu großartigen Ergebnissen.

PRAKTISCHE TIPPS
... damit dir vor nichts graut

- Verwandle das Gefühl des Grauens in ein Gefühl der Hoffnung. Das nächste Mal, wenn dir vor etwas graut, denke an das Gegenteil und glaube, dass Gott das Beste tut.
- Überlege dir drei positive, hoffnungsvolle Gedanken, die du in Bezug auf den vor dir liegenden Tag haben kannst.
- Biete dem Grauen die Stirn und lass dir von ihm nicht den Tag verderben.

Teil II
Neue Schritte wagen

Der Herr freut sich an einem aufrichtigen Menschen und führt ihn sicher.

Psalm 37,23

KAPITEL 6

Lerne etwas Neues

*Ein Geist, der durch neue Erfahrungen erweitert
wurde, schrumpft nie auf seine alte Größe zurück.*
Oliver Wendell Holmes

Wann hast du das letzte Mal etwas Neues gelernt oder kennengelernt? Eine neue historische Tatsache? Die Definition eines neuen Wortes? Ein neues Hobby? Neues Fachwissen? Einen neuen Freund? Ich persönlich finde, dass es den Tag interessanter und erfreulicher macht, wenn man etwas Neues lernt.

Ich stelle dir diese Frage, weil viel zu viele Menschen (auch Christen) ein langweiliges Leben führen. Der Grund ist: Sie haben aufgehört zu lernen. Ihnen ist die Neugier abhandengekommen. Weder erweitern sie ihren Horizont, noch testen sie ihre Grenzen. Sie machen nichts Neues mehr. Jeder Tag sieht genauso aus wie der vorherige: dieselbe Routine, dieselbe Denkweise, dieselben Aktivitäten, vielleicht sogar dasselbe Elend.

Falls du die Langeweile des alten Trotts kennst, habe ich gute Neuigkeiten für dich. Du musst nicht tagein, tagaus in denselben Abläufen festhängen und ständig frustriert sein. Eins der leichtesten (und spaßigsten) Dinge, die du tun kannst, um dein Leben zu genießen, ist, Neues zu lernen. Es muss sich gar nicht um Großes oder Kompliziertes handeln. Es kann so etwas Simples sein, wie eine neue Sportübung zu lernen, ein Gartenbeet anzulegen oder mehr mit dem Computer zu erledigen, als bloß E-Mails zu verschicken. Das ist von Person zu Person unterschiedlich. Doch wenn du dich dem Ziel verschreibst, regelmäßig (oder sogar täglich) etwas zu lernen, wirst du erstaunt sein, wie viel Spaß es macht, Neues zu entdecken.

Zum Beispiel lerne ich gerne Neues durch Dokumentarfilme. Es gibt zahlreiche Geschichten von außergewöhnlichen Menschen, die Erstaunliches geleistet haben, oder Menschen, die sehr Tragisches durchmachen mussten, aber daraus nicht verbittert hervorgegangen sind. Es gibt Dokus über bekannte Persönlichkeiten, unbekannte Orte, das Tierreich, die Natur und viele weitere Dinge. So etwas ist nicht nur interessant, sondern auch inspirierend.

Lernen ist häufig eine Sache von Versuch und Irrtum. Lass dich nicht entmutigen, wenn du etwas ausprobierst, das am Ende doch nicht das Richtige für dich ist. Suche dir dann einfach eine andere Sache, bis du einen Weg findest, regelmäßig zu lernen. Menschen lernen unterschiedlich schnell. Wir haben nicht alle eine solch schnelle Auffassungsgabe wie Hoagy Carmichael ...

Es gibt eine Geschichte über den Komponisten und Sänger Howard Hoagland »Hoagy« Carmichael, als er beschloss, das Golfspielen zu lernen. Irgendetwas hatte sein Interesse an dem Sport geweckt, also buchte er eine Unterrichtsstunde mit einem Golflehrer und kam am verabredeten Tag lernbereit zu seiner ersten Stunde.

Carmichael hörte geduldig zu, wie der Golflehrer ihm die Grundlagen des Spiels zeigte: wie er einen Golfschläger zu halten hatte, wie er über dem Ball stehen musste, der richtige Golfschwung und so weiter. Nach ungefähr einer halben Stunde sagte der Lehrer: »Versuchen Sie es doch mal. Versuchen Sie, den Ball in die Richtung des ersten Lochs zu schlagen.« Carmichael legte den Ball auf das Tee und schwang den Schläger mit aller Kraft. Der Ball flog das Fairway entlang, sprang auf dem Grün auf und rollte direkt ins Loch. Gleich beim ersten Schlag ein Treffer!

Der Lehrer traute seinen Augen nicht. Er war sprachlos. Mit einem Augenzwinkern wandte sich Carmichael dem verblüfften Lehrer zu und sagte: »Okay, ich glaube, so im Groben habe ich das jetzt verstanden.«[3]

Wie gesagt, wir »lernen« nicht alle so schnell wie Hoagy Carmichael, aber wir sind alle in der Lage zu lernen. Wir können uns neue Fähigkeiten aneignen, wir können neue Erziehungsmethoden lernen, wir können uns über neue Stile und Trends informieren, wir können einen neuen Berufsweg einschlagen – die Möglichkeiten sind endlos. Es gibt so viel, was wir lernen können, und es gibt so viele Wege, wie wir dadurch unsere Freude mehren und unser Leben bereichern können. Ich sehe zahllose Menschen, die beim Spazierengehen, Sport, der Hausarbeit und vielen anderen Beschäftigungen Kopfhörer tragen. Solche Zeiten sind wunderbare Lerngelegenheiten. Falls du jemand bist, der bei derartigen Aktivitäten lieber Musik hört, ist das auch gut, weil Musik sehr inspirierend sein kann. Doch nutze zumindest eine halbe Stunde dieser Zeit, um etwas Neues zu lernen!

Ich habe festgestellt, dass ich mir in der Zeit, die ich jeden Morgen für mein Make-up und meine Frisur verwende, mindestens eine halbe Stunde lang eine Predigt anhören kann. Bist du der Meinung, dass du keine Zeit hast, um etwas Neues zu lernen? Du wirst überrascht sein, was du alles erreichen kannst. Dazu musst du nur die Gelegenheiten ergreifen, die sich dir präsentieren. Mach Gebrauch von der halben Stunde! Es ist erstaunlich, was wir alles schaffen können, wenn wir uns hier und da eine Viertelstunde nehmen, oder auch eine halbe Stunde zwischen zwei Terminen. Das sind Zeiten, die wir oft verschwenden und die wir auf produktivere Weise nutzen könnten.

Geh nicht davon aus, dass du lange freie Zeiten brauchst, um durchs Lesen oder Hören etwas zu lernen. Nutze die Momente, die sich dir bieten. Diese summieren sich nach und nach, sodass du am Ende eine große Investition getroffen hast, statt deine Zeit zu vergeuden.

Lerne mehr über Gott

Je mehr wir über Gott lernen, umso näher werden wir ihm sein. Der Apostel Paulus sagte, sein Lebensziel sei, Jesus zu kennen und die mächtige Kraft zu erfahren, die ihn von den Toten auferweckte (siehe Philipper 3,10). Die englische Amplified Bible erläutert die tiefe Bedeutung dieses Verses, den ich dir nahebringen möchte. Denke einmal über das nach, was dieser Vers aussagt:

> *[Mein festes Ziel besteht darin,] ihn zu kennen [zunehmend tiefer und enger mit ihm vertraut zu werden, damit ich die Wunder seiner Person immer stärker und klarer erkenne und verstehe] und auf die gleiche Weise die Kraft kennenzulernen, die aus seiner Auferstehung fließt [eine Kraft, die sich auf die Gläubigen auswirkt], und dass ich an seinen Leiden teilnehme und beständig [im Geist] in sein Bild verwandelt werde.*
>
> Philipper 3,10 (AMPC)

Dieser eine Bibelvers ist so aussagekräftig, dass wir nie müde werden sollten, über ihn nachzudenken und ihn besser verstehen zu wollen. Allzu oft wenden wir uns nur an Gott, damit er sich um unsere Probleme kümmert. In dem Fall lassen wir uns die Schönheit und Kraft entgehen, die sich zeigt, wenn wir begreifen, wie absolut wunderbar er in so vielerlei Hinsicht ist. Wir verpassen die Chance, eine engere und persönlichere Beziehung zu ihm aufzubauen.

Möchtest du mehr über Gott wissen? Dann kann ich dir nur empfehlen, dich mit dem Charakter Gottes auseinanderzusetzen. Ich selbst habe über dieses Thema gelehrt, und es gibt viele großartige Bücher dazu von verschiedenen Autoren. Wenn du Gottes Wesen besser kennenlernst, wirst du ihm mehr und mehr vertrauen. Dadurch gewinnst du eine innere Ruhe, sodass du dir keine Sorgen mehr machen oder Angst haben musst.

Natürlich gibt es zahllose Dinge, die du über Gott lernen

kannst. Statt jetzt spezifische Aspekte anzusprechen, möchte ich dir lieber erzählen, wie sich das zunehmende Wissen über Gott auf mein Leben ausgewirkt hat. Eine ähnliche Erfahrung kannst du auch machen.

Wenn ich mich mit der Bibel beschäftige, werde ich Jesus immer ähnlicher. Ich werde in sein »Bild« verwandelt. Das kann ich aus eigener Erfahrung bezeugen! Je mehr ich über ihn lerne, umso ähnlicher werde ich ihm, und das sollte das Ziel eines jeden Christen sein. Gottes Liebe ist unergründlich. Sie ist tiefer als alles, was ich mit meinem begrenzten Denken erfassen kann. Je mehr ich Gott über die Jahre kennengelernt habe, desto größer wurde meine innere Überzeugung, dass er mich wirklich liebt. Und ich weiß, dass er auch dich liebt. Dieses Wissen wird dir helfen, dich selbst anzunehmen, und dir die Zuversicht geben, dein Leben voll auszuschöpfen. Außerdem wird es dich befähigen, andere Menschen voller Freude zu lieben.

In diesem Buch geht es um Tipps, wie du schlechte Tage vermeiden kannst. Ehrlich gesagt, erlebe ich inzwischen nur noch selten Tage, an denen ich denke: *Ich habe einfach einen schlechten Tag!* Doch bevor ich anfing, Gott auf tiefere und persönlichere Weise kennenzulernen, hatte ich meistens schlechte Tage. Ja, ich war Christ, aber ich kannte Gott nicht richtig. Ich wusste zwar von ihm, aber das reicht nicht. Wir müssen ihn kennen – ihn und die Kraft seiner Auferstehung und die Wunder seiner Person!

Heute gibt es so viele Möglichkeiten, mehr über Gott zu erfahren, dass man sie gar nicht alle aufzählen kann. Es gibt diverse einfache Methoden, das Lernen in den Tag einzubauen. Zum Beispiel kannst du mehrere Andachtsbücher an verschiedenen Stellen im Haus aufbewahren und dann, wenn du gerade etwas Zeit hast, eins dieser Andachtsbücher aufschlagen und entweder etwas Neues lernen oder dir etwas in Erinnerung rufen, das du in der Vergangenheit schon gelernt hast. Bewahre ein Andachtsbuch im Auto auf, eins bei der Arbeit, eins in deiner Handtasche und an anderen Stellen, wo du zwischendurch ein paar Minuten Zeit zum Lesen hast – und dann lerne dazu!

Lerne mehr über dich

Hast du dir schon einmal die Zeit genommen, etwas über dich selbst zu lernen? Du bist ein bemerkenswertes Geschöpf, weißt das aber vielleicht gar nicht. Schau mal im Internet oder in einem Buch nach, wie der menschliche Körper funktioniert und wie Gott ihn konzipiert hat. Du hast zum Beispiel fünf bis sechs Liter Blut im Körper, die jede Minute drei Mal durch deinen Körper zirkulieren. Das heißt, dein Blut legt pro Tag eine Strecke von nahezu 20.000 Kilometern in deinem Körper zurück, um dich gesund zu halten! Dein Herz schlägt ungefähr 35 Millionen Mal pro Jahr! Du hast 60.000 Blutgefäße in deinem Körper. Das sind nur einige wenige der Fakten, die dich so erstaunlich machen und zeigen, wie großartig dein Schöpfer ist!

Wusstest du, dass du einzigartig bist und es niemanden auf der Erde gibt, der genauso ist wie du? Gott hat dich im Leib deiner Mutter mit seinen eigenen Händen geformt (siehe Psalm 139).

Lerne deine Stärken und Schwächen kennen. Was macht dir Spaß und für welche Arbeit bist du am besten geeignet? Was sind deine Begrenzungen? Verbringst du gerne Zeit alleine? Falls nicht, warum nicht? Du bist eine eindrucksvolle Person, und du solltest dir die Zeit nehmen, dich besser kennenzulernen. Auch solltest du lernen, dich ganz und gar anzunehmen und zu lieben. Du kannst diesen Tag – oder irgendeinen Tag – unmöglich genießen, solange du dich selbst nicht liebst! Du musst zwar nicht alles lieben, was du anstellst, aber du musst die Person lieben, die Gott geschaffen hat. Entscheide dich heute und an jedem zukünftigen Tag, dich an dir selbst zu erfreuen! Fang außerdem an, mehr über dich selbst zu lachen!

Ein Aha-Erlebnis können zudem Persönlichkeitstests sein.

Solltest du noch nie einen ausführlichen Persönlichkeitstest gemacht haben, tu es. Es wird dir gefallen und dir helfen, sowohl mehr über dich zu lernen als auch über die Menschen in deinem Umfeld.

Das Internet steckt voller Informationen aller Art. Du kannst etwas lernen, ohne dass es dich große Mühe kostet. Es gibt informative Segmente, die nur zwei oder drei Minuten lang sind, oder ganze Seminare, die sich über mehrere Stunden erstrecken. Zum Glück gibt es auch immer noch viele Bücher, sei es in Büchereien oder zum Kaufen. Es gibt CDs, DVDs, Podcasts, YouTube-Videos, digitale Downloads von Vorträgen und Hörbüchern, und es ist gut möglich, dass noch weitere Lernmethoden erfunden werden, bevor dieses Buch in deine Hände gelangt. Man kann auf jeden Fall sagen, dass es in der Weltgeschichte noch nie so leicht gewesen ist zu lernen wie heute.

Du musst nur loslegen! Bestimmt lernst du auch jetzt schon ganz viel. Hoffentlich hat dieses Kapitel dich jedoch motiviert, dass du noch mehr lernen könntest und dadurch nicht nur dieser Tag spannender wird, sondern mit der Zeit auch dein ganzes Leben!

Nicht vergessen:

- Viele Menschen (auch Christen) führen ein langweiliges Leben, weil sie aufgehört haben zu lernen.
- Lernen ist häufig ein Prozess des Versuchs und Irrtums. Lass dich nicht entmutigen, wenn du dir eine neue Fähigkeit aneignen oder ein neues Hobby lernen willst und es nicht auf Anhieb klappt.
- Am wichtigsten ist es, mehr über Gott und seine unbegreifliche, endlose Liebe für dich zu lernen.
- Du kannst kurze Zeiten nutzen, die sich nach und nach zu viel vorteilhaftem Lernen ansammeln.

PRAKTISCHE TIPPS
... um etwas Neues zu lernen

- Mach dir eine Liste von Dingen, die du gerne lernen würdest, und dann fang damit an.
- Versuche jeden Tag eine erstaunliche Tatsache über deinen Körper zu lernen.
- Falls du keinen Computer besitzt oder nicht gerne am Computer liest, besorge dir ein Buch über erstaunliche Fakten und lerne etwas, das du noch nicht wusstest.
- Probiere beim Kochen ein neues Rezept aus.

KAPITEL 7

Finde dich nicht ab

*Vorzüglichkeit bedeutet, gewöhnliche Dinge außer-
gewöhnlich gut zu machen.*

John W. Gardner

Wir wollen mal zusammen ein kleines Gedankenspiel machen.
Das erfordert ein wenig Vorstellungskraft deinerseits. Nennen
wir es die »Was-wäre-wenn-Geschichte«:

Angenommen du bist irgendwo weit weg vom Ozean auf-
gewachsen und träumst davon, am Meer zu wohnen. Du hast
schon häufiger Urlaub am Meer gemacht und bist total vernarrt
in die salzige Luft, den Sand unter deinen Füßen und die fri-
schen Meeresfrüchte zum Abendessen. Einige Menschen mögen das Flachland, andere mögen die Berge, aber du? Du magst
den Strand. Mehr noch, du liebst ihn!

Was wäre nun, wenn du beschließt: *Ich mach das! Ich ver-
kaufe mein Haus, besorge mir einen Umzugswagen und folge meinem Traum. Ozean, ich komme!* Wie aufregend! Vor dir liegt ein
Abenteuer. Du wirst eine tolle Geschichte zu erzählen haben,
und du wirst sie liebend gerne vom Komfort deines Strandkor-
bes aus erzählen!

Du triffst die nötigen Vorbereitungen. Deine Freunde kommen und helfen dir beim Packen. Du verabschiedest dich vom
Leben im Binnenland, startest deinen überfüllten Umzugswagen und brichst in Richtung Meer auf. Du kannst die Salzluft
schon förmlich riechen! Doch was ist, wenn du nach mehreren
Stunden Autofahrt müde wirst? Was ist, wenn dir auf einmal
vor der noch zu bewältigenden Strecke graut? Was ist, wenn

dir Gedanken kommen, dass das Leben im Binnenland eigentlich gar nicht so schlecht war? Die anfängliche Begeisterung verflüchtigt sich und deine Entschlusskraft nimmt ab. Du wirst sicherlich all deine Freunde vermissen. Vielleicht ist der Strand am Ende doch nicht so schön. Auf jeden Fall dauert es äußerst lange, dort hinzufahren!

Und was ist, wenn du nach mehreren Stunden Fahrt an einen großen Fluss kommst? *Hmm*, denkst du, *hier könnte ich mir auch ein schönes Leben machen.* Sicher, es ist nicht das Meer, aber es ist immerhin Wasser. Okay, es ist nicht der Strand, aber auch an diesem Ort gibt es Sand. Klar, richtig frische Meeresfrüchte kann man hier nicht erwarten, aber es gibt Fisch. Es ist nicht unbedingt dein Traum, aber eigentlich ist es doch ganz nett.

Was ist, wenn du deinen Umzugswagen anhältst, einen Moment darüber nachdenkst und beschließt: *Das ist gar nicht so schlecht. Hier lasse ich mich nieder.*

Falls du im Binnenland oder an einem Fluss lebst, sei mir nicht böse. Das können tatsächlich schöne Orte sein. Ich selbst lebe weit weg vom Meer, in St. Louis im Bundesstaat Missouri, und der Mississippi fließt genau durch unsere Stadt. Diese Geschichte ist nur ein Beispiel. Ganz gleich wo du wohnst, die Was-wäre-wenn-Übung soll dir eine wichtige Lebenslektion vermitteln: *Wann immer du zum Meer aufbrichst, dich dann aber am Fluss niederlässt, versäumst du etwas.*

Ich habe diese Wahrheit in meinem eigenen Leben und auch bei anderen wiederholt beobachtet.

Wann immer wir uns mit einem
Ort begnügen, der nicht unser
Bestimmungsort ist, kostet es
uns etwas:

- Wenn wir uns vornehmen, Menschen zu lieben, uns dann aber damit begnügen, sie nur zu tolerieren, entgehen uns tiefe und beständige Beziehungen.
- Wenn wir uns vornehmen, uns eingehend mit der Bibel zu beschäftigen, uns dann aber damit begnügen, sie nur ab und zu mal zu lesen, fehlt uns eine solide Grundlage im Leben.
- Wenn wir uns vornehmen, ein vorbildlicher Angestellter zu sein, uns dann aber damit begnügen, nur in Anwesenheit des Chefs unser Bestes zu geben, verpassen wir die Zufriedenheit, die eine gut erledigte Aufgabe mit sich bringt.
- Wenn wir uns vornehmen, ein Projekt erfolgreich abzuschließen, uns dann aber damit begnügen, es mit so wenig Aufwand wie möglich hinter uns zu bringen, entgehen uns der Lohn und die Anerkennung, die mit vorzüglichen Leistungen einhergehen.

Mittelmäßigkeit bedeutet im Prinzip, auf halber Strecke zwischen Start und Ziel stehen zu bleiben. Mittelmäßigkeit gibt bei Konflikten klein bei und macht bei Problemen einen Rückzieher.

> Mittelmäßigkeit erreicht man mühelos – jeder kann mittelmäßig sein –, aber sie ist kostspielig.

Sie kostet uns Erfolg. Sie kostet uns Erfüllung. Und sie kostet uns wahre Freude. Wir können viel bessere Tage erleben, wenn wir uns nicht mit Mittelmäßigkeit begnügen, sondern die Entscheidung treffen, etwas Herausragendes zu schaffen.

Erst wenn wir uns nicht mehr mit Mittelmäßigkeit zufriedengeben, werden wir jeden Tag wirklich genießen und das erfolgreiche, überfließende Leben haben, das Jesus uns durch seinen Tod ermöglicht hat.

Bist du in Kanaan oder Haran?

Ich kann mich noch erinnern, wie ich dieses Prinzip – sich nicht mit Mittelmäßigkeit zu begnügen – zum ersten Mal in der Bibel sah. Der Vers ist eher unbekannt und man übersieht ihn leicht, wenn man nicht aufpasst (ein weiterer Grund, warum es wichtig ist, sich eingehender mit der Bibel zu beschäftigen, statt sie nur oberflächlich zu lesen). Aber wir können sehr viel daraus lernen.

1. Mose 11 ist ein Kapitel, in dem hauptsächlich Stammbäume Erwähnung finden. Du weißt schon, So-und-so war der Sohn von Dem-und-dem. Zugegeben, Stammbäume sind nicht die spannendsten Textpassagen in der Bibel. Deshalb sind wir oft versucht, sie zu überspringen. Doch das wäre ein Fehler. Es gibt vieles, was wir diesen Abschnitten entnehmen können. 1. Mose 11,31 ist ein perfektes Beispiel dafür, denn dieser Vers ermöglicht uns einen seltenen Einblick in das Leben von Abrahams Vater, Terach. Terach hatte drei Söhne: Abraham, Nahor und Haran. In 1. Mose 11,31 lernen wir Folgendes über Terach:

> *Terach nahm seinen Sohn Abram, seine Schwiegertochter Sarai und seinen Enkel Lot, das Kind seines Sohnes Haran, und verließ Ur in Chaldäa, um ins Land Kanaan zu ziehen. Als sie jedoch nach Haran kamen, **ließen sie sich dort nieder.***

Was steht dort? Terach brach nach Kanaan auf, ließ sich dann aber in Haran nieder. Das ist genauso wie in unserer Was-wäre-wenn-Geschichte. Kanaan war sein Bestimmungsort, doch Haran war sein Kompromiss.

Ich frage mich, wie viele Menschen einen Bestimmungsort haben, sich dann aber mit etwas anderem begnügen. Ob es sich dabei nun um einen Arbeitsplatz, zwischenmenschliche Beziehungen, den Umgang mit dem eigenen Körper oder die Beziehung zu Gott handelt – wie oft haben Menschen ein Ziel, begnügen sich dann aber mit etwas, das weit unter Gottes Bestem liegt?

Ich möchte dich ganz persönlich fragen: Wie oft hast du dich mit Mittelmäßigkeit zufriedengegeben?

> Wie oft bist du nach Kanaan auf-
> gebrochen, hast dich dann aber
> in Haran niedergelassen?

Gehorchst du Gott in bestimmten Bereichen, aber nicht in allen? Verzeihst du anderen einiges, aber nicht alles? Gibst du Gott die Kontrolle über einen Teil deines Lebens, aber nicht über jeden Teil? Bittest du Gott, andere Menschen zurechtzurücken, ohne ihm zu erlauben, auch in dir Dinge zu verändern?

All das sind Beispiele für Mittelmäßigkeit. Sie beschreiben die halbe Strecke zwischen zwei Bestimmungsorten. Die Absichten sind gut (du willst ans Meer), aber es mangelt an Entschlossenheit (du begnügst dich mit einem Fluss). Statt das Beste zu erreichen, bleibst du in der Mittelmäßigkeit hängen. So etwas zieht immer Frust nach sich. Möchtest du wirklich jeden neuen Tag genießen können? Dann denk noch einmal darüber nach ...

Und wenn nun ...?

Zurück zu unserer ursprünglichen Illustration. Gehen wir mal einem anderen Was-wäre-wenn-Gedanken nach. Was wäre, wenn du weiter ans Meer gefahren wärst, obwohl du keine Lust mehr aufs Fahren hattest? Was wäre, wenn du der Versuchung widerstanden hättest, zurückzuschauen, und stattdessen nur nach vorne geblickt hättest? Was wäre, wenn du dich nicht mit dem Fluss begnügt hättest, da das Meer doch dein Traum war?

Die Antworten sind simpel. Du hättest deinen Traum ausgelebt – Salzwasser, weißer Sand, frische Meeresfrüchte zum Abendessen! Wärst du entschlossen genug gewesen, dein Ziel zu erreichen, statt dich mit weniger zu begnügen, hättest du die Freuden deines Bestimmungsortes erlebt. In diesem Sinne möchte ich jetzt den Bogen von der Illustration hin zum wirklichen Leben spannen:

- Was wäre, wenn du Gott alles von dir gibst?
- Was wäre, wenn du deine Probleme anpackst, statt vor ihnen wegzulaufen?
- Was wäre, wenn du keine Mittelmäßigkeit, sondern das Beste von dir selbst verlangst?
- Was wäre, wenn du heute erledigst, was du am liebsten auf morgen verschieben würdest?
- Was wäre, wenn du an deiner Integrität festhältst, indem du immer zu deinem Wort stehst?
- Was wäre, wenn du auch in einem mittelmäßigen Umfeld noch hervorragende Leistungen bringst?

Ich weiß nicht, wo du dich momentan auf deinem Lebensweg oder in deiner Gottesbeziehung befindest, aber eins weiß ich: Wenn du dich nicht mit Mittelmäßigkeit zufriedengibst, bist du auf dem Weg, das Beste zu erleben, das Gott für dich bereithält. Andernfalls steuerst du auf Enttäuschung, Unzufriedenheit und mangelnde Erfüllung zu. In deinen Beziehungen, in deiner Gesundheit, in deiner Familie, in deinem Beruf und in deinem Glauben hat Gott mehr für dich auf Lager, als du dir vorstellen kannst. Fahr weiter. Und plötzlich wirst du am Strand sein!

Nicht vergessen:

- Wann immer du halbe Sachen machst und nicht bis zu deinem Bestimmungsort fährst, verpasst du etwas.
- Abrahams Vater Terach brach nach Kanaan auf, ließ sich dann aber in Haran nieder. Wie oft hast du dich in »Haran« niedergelassen, obwohl Kanaan eigentlich gleich um die Ecke war?
- Mittelmäßigkeit ist die halbe Strecke zwischen zwei Bestimmungsorten.
- Probleme und Schwierigkeiten wollen dich zum Aufgeben zwingen. Doch du kannst diese Hindernisse überwinden und Gottes Fülle erleben.

PRAKTISCHE TIPPS
... um dich nicht abzufinden

- Statt dich über die Mittelmäßigkeit anderer zu beklagen, schau lieber in den Spiegel. Gibt es Bereiche, in denen du dich mit Mittelmäßigkeit abgefunden hast?
- Finde etwas in deinem Terminkalender, das keine gute Frucht bringt, und streiche es. Auf diese Weise kannst du den Dingen mehr Zeit und Energie widmen, die dir wirklich wichtig sind.
- Falls es Lebensbereiche gibt, in denen du dich mit etwas weniger Gutem begnügt hast, lass dich nicht von Schuldgefühlen herunterziehen. Ergreife lieber die Initiative. Überlege dir, wie du deine Situation verbessern könntest, und setze die Ideen um.
- Schau dir die Aufgaben an, die es heute zu bewältigen gilt. Entscheide dich, jede davon vorbildlich zu meistern – und dann nichts wie ran!

KAPITEL 8

Investiere in dich selbst

Dein Erfolg hängt hauptsächlich davon ab, was du
von dir hältst und ob du an dich glaubst.

William J. H. Boetcker

Bei den Wörtern »Investition« und »investieren« denken wir unweigerlich an das Thema Finanzen. Möglicherweise stellen wir uns Anlagebankiers in feinen Anzügen und Hemden an der Börse vor, die einander Zahlen zurufen. Oder wir denken an einen Unternehmer in unserem Bekanntenkreis, der uns Investitionsmöglichkeiten präsentiert hat, mit denen wir »gleich zu Anfang einsteigen« können. Investitionen sind für viele Menschen, die regelmäßig einen Teil ihres Einkommens in ihre Rente investieren, eine ganz reale Angelegenheit.

Ich bin keine Wirtschaftswissenschaftlerin oder Finanzberaterin, aber das Grundkonzept einer Investition ist eigentlich ganz einfach. Je mehr, je länger und je besser man investiert, umso höher ist auch der Ertrag der Investition. Anders ausgedrückt: Je mehr man jetzt in etwas hineinsteckt, umso mehr bekommt man später zurück. Die Vorzüge kluger Investitionen sind zahlreich: finanzielle Sicherheit, Ausbildungsmöglichkeiten für die Kinder und Enkelkinder, ein angenehmes Rentnerdasein, die Gelegenheit, Neues auszuprobieren, und (Daves Lieblingsbeschäftigung) Golf, Golf, Golf! Investitionen erfordern zwar Disziplin und Opfer, doch am Ende machen sie sich bezahlt.

Das alles ist wichtig, aber ich glaube, dass es noch eine wichtigere Investition gibt als die finanzielle Investition, nämlich täglich in sich selbst zu investieren. Deine Gesundheit, dein Seelenfrieden, dein persönliches Wachstum, deine Freude und dein Glück – das alles wird stark davon beeinflusst, wie wenig oder wie viel du in dein eigenes Leben investierst.

Ähnlich wie bei der finanziellen Investition gilt auch hier:

Je mehr du in dich selbst investierst, je
länger du in dich selbst investierst und
je besser du in dich selbst investierst,
umso höhere Erträge wirst du durch
deine Investitionen erzielen.

Wenn du jetzt Disziplin übst und angemessen in deine Gesundheit und dein Wohlergehen investierst, führt das zu körperlichen, emotionalen und geistlichen Vorteilen. Deshalb ist die Investition in dich selbst einer der besten Wege, um jeden Tag zu verbessern. Es hilft dir heute, ja, aber auch noch in den kommenden Tagen, Wochen, Monaten und Jahren!

Ich möchte dir einige ganz konkrete Investitionstipps geben. Doch erlaube mir zuerst diese Frage:

Warum kümmern wir uns nicht besser um uns selbst?

Es ist doch wirklich verblüffend. Wir erkennen, wie wichtig finanzielle Investitionen sind. Doch warum investieren wir nicht auch in die anderen Lebensbereiche – in Körper, Seele und Geist? Ich begegne so vielen Menschen, die sich nicht angemessen um sich selbst kümmern (und viele Jahre war ich einer von ihnen). Sie schleppen sich durchs Leben – schwach, geschafft und entmutigt – und bemühen sich, den Kopf gerade noch über Wasser zu halten.

Das Leben dieser Menschen wäre viel besser, wenn sie einfach in sich selbst investieren würden. Ich möchte einige

Gründe aufführen, warum Menschen sich vernachlässigen. Vielleicht gehörst du auch zu ihnen.

1. **Wir kommen uns egoistisch vor, Zeit und Geld für uns selbst zu verwenden.** Die Wahrheit ist jedoch die: Wer sich nicht angemessen um sich selbst kümmert, hat bald nichts mehr, was er anderen geben kann. Das beste Geschenk, das man seiner Familie und seinen Freunden machen kann, ist ein gesundes Ich.

2. **Wir haben nicht die richtigen Informationen.** Wir wurden viele Jahre lang mit industriell verarbeiteten Lebensmitteln, Fertiggerichten, Fast Food und Modediäten bombardiert. Wir erhielten mangelnde oder falsche Informationen. All das hat für viel Verwirrung gesorgt, was denn nun gesund oder ungesund ist. Das gilt aber nicht nur fürs Essen. Jahrelang sind uns oberflächliche Selbsthilfebücher und fragwürdige Erfolgsmodelle verkauft worden, die unseren Wunsch nach schnellen Lösungen ausnutzen, weil sie uns versprechen, dass alles mühelos geht. Was wir brauchen, sind richtige Informationen, die uns passende Lösungen für unsere körperlichen, seelischen und geistlichen Bedürfnisse anbieten.

3. **Wir sind zu beschäftigt, um uns zu bewegen.** Es ist noch gar nicht so lange her, da waren Menschen im Laufe eines gewöhnlichen Tages körperlich sehr aktiv. Sie gingen viel zu Fuß, arbeiteten hart und schwitzten die Giftstoffe aus ihrem Körper. Heute müssen wir Bewegung bewusst in unseren Tagesablauf einplanen, sonst bekommen wir keine. Das Problem ist, dass wir unseren Terminkalender mit vielen anderen Aktivitäten füllen, die oft stressig sind und uns Energie kosten. Unser Terminkalender wird immer dicker, während unser Körper immer schwächer wird.

4. **Wir haben unser Körperbild von der Werbung und den Medien beeinträchtigen lassen.** Um uns zum Kauf von Produkten anzuregen, vermittelt die Werbung uns widersprüchliche Botschaften. Einerseits überschwemmt sie uns mit tückischen, unerreichbaren Bildern davon, wie Schön-

heit auszusehen habe, um uns dann ihre Hautpflegeprodukte, Kleidung und diverse Accessoires anzubieten. Gleichzeitig geben die Hersteller von ungesunden Fertiggerichten ebenfalls eine Menge Geld für Werbung aus, um uns ihre Produkte schmackhaft zu machen. Zwischen diesen widersprüchlichen Botschaften hin- und hergerissen, wissen viele Menschen nicht, was sie von ihrem Körper halten sollen. Wir müssen unser Bild davon, wie ein gesunder Mensch aussieht, neu einstellen und nicht auf jede Werbung hereinfallen, die wir sehen.

5. **Wir haben unser Lebenstempo zu sehr gesteigert.** Aufgrund des enormen Drucks, Beruf und Familie unter einen Hut zu bekommen, sowie steigender Kosten für viele Lebensnotwendigkeiten treiben Menschen mit ihren Kräften oft Raubbau. Da ist es schwer, noch in die Gesundheit zu investieren. Es ist viel leichter, das Fitnesstraining aufzuschieben und sich stattdessen unterwegs schnell einen Kebab oder einen Cheeseburger zu schnappen. Die tägliche Versuchung besteht darin, weniger zu schlafen, um noch den Papierkram oder andere Aufgaben zu erledigen. Das Traurige ist: Durch unseren überfüllten Terminkalender wird alles hinausgedrängt, was uns eigentlich Spaß macht. Das Leben ist ein Geschenk und sollte uns erfreuen. Wir müssen das Tempo drosseln, um das Geschenk des Lebens genießen zu können.

6. **Wir versuchen es auf eigene Faust.** Ohne ein stabiles soziales Netzwerk und eine gute geistliche Grundlage kann man sich leicht schlechte Gewohnheiten aneignen, die in Einsamkeit und Entmutigung verwurzelt sind. Wir sollten regelmäßig Zeit mit Gott verbringen und ihn um Weisheit bitten, wie wir ein gesundes Leben führen können. Denk daran: Wir müssen nicht unbedingt einen besonderen Ort aufsuchen, um mit Gott zu reden. Er ist immer und überall da und hört gerne von uns. Auch sollten wir uns mit den richtigen Menschen umgeben, die uns ermutigen und uns kor-

rigieren, wenn wir aus dem Gleichgewicht geraten. Verlässliche Freundschaften und mitfühlende Unterstützung können den Unterschied zwischen einem gesunden und einem ungesunden Lebensstil ausmachen.

7. **Wir haben unseren eigenen Wert vergessen.** Ich glaube, das ist der Hauptgrund, warum wir uns selbst vernachlässigen. Wer nicht versteht, wie wertvoll er in Gottes Augen ist, der sieht auch keinen großen Sinn darin, sich um sich selbst zu kümmern. Du musst dich unbedingt daran erinnern, welchen Wert du hast und welche Rolle du in Gottes Plan spielst. Da du ständig mit dir selbst zusammen bist, wirst du deinen Tag wohl kaum genießen können, wenn du dich nicht wertschätzt.

Wer sich wertschätzt, investiert in sich

Wir alle sind uns darüber im Klaren, dass wir Beziehungen zu anderen Menschen haben. Aber weißt du auch, dass du eine Beziehung zu dir selbst hast? Denk einmal darüber nach: Du verbringst mehr Zeit mit dir als mit sonst irgendeinem Menschen. Du bist die Person, der du nie entkommen kannst. Bestimmt hattest du mal einen Klassenkameraden oder Arbeitskollegen, mit dem du dich nicht besonders gut verstanden hast. Das kann nervig sein, aber zumindest kam diese Person nicht jeden Abend mit dir nach Hause. Von dir selbst kannst du dir keine Auszeit gönnen, nicht eine Sekunde lang. Deshalb ist es wichtig, dass du Frieden mit dir schließt und die Person wertschätzt, die Gott geschaffen hat, als er dich schuf.

Ganz gleich was die Gesellschaft oder Kultur über deinen Wert sagt: Das Einzige, worauf es ankommt, ist das, was Gott sagt! Der bekannte dänische Theologe Søren Kierkegaard erzählte einmal ein Gleichnis von zwei Dieben, die bei einem Juwelier einbrachen. Anstatt Schmuck zu stehlen, tauschten sie einfach alle Preisschilder aus. Die Schilder mit den teuren Preisen brachten sie an billigem Schmuck an und die Schilder mit den billigen Preisen brachten sie an teurem Schmuck an. Wochenlang fiel das keiner Menschenseele auf. Die Kunden bezahlten empörend hohe Preise für billigen Plunder und spottbillige Preise für die feinsten Schmuckstücke. Kierkegaards Moral der Geschichte liegt auf der Hand: Wir leben in einer Welt, in der jemand die Preisschilder ausgetauscht hat.

- Die Gesellschaft mag dich als wertlos bezeichnen, doch Gott bezeichnet dich als sein Meisterwerk (siehe Epheser 2,10).
- Die Gesellschaft mag dich als einen Zufall bezeichnen, doch Gott bezeichnet dich als erstaunlich und wunderbar gemacht (siehe Psalm 139,14).
- Die Gesellschaft mag dich als ausgeschlossen bezeichnen, doch Gott bezeichnet dich als auserwählt (siehe Kolosser 3,12) und zutiefst geliebt (siehe Jeremia 31,3).

Fühlst du dich wertlos, ausgeschlossen, minderwertig oder unbedeutend? Dann musst du nur das Preisschild austauschen. Vielleich trägst du ein Preisschild, das eine andere Person oder die Gesellschaft dir aufgedrückt hat, aber es entspricht nicht dem Wert, den Gott dir gibt. Und Gottes Meinung ist die einzige, die zählt.

Du bist wichtig und wertvoll.
Weil Gott das von dir sagt,
bist du die Investition wert!

Wir müssen uns selbst wertschätzen, nicht aus Einbildung oder Arroganz heraus, sondern weil unsere Identität in Jesus Christus verankert ist. Wir sollten sagen können: »Ich weiß, dass Gott mich liebt, also kann ich auch das lieben, was Gott liebt und wertschätzt. Ich liebe zwar nicht alles, was ich tue, aber ich kann mich selbst annehmen, weil Gott mich annimmt.« Wenn wir geistlich reif genug sind, werden wir verstehen, dass selbst Gottes Korrektur auf seiner Liebe beruht. Er will nur das Beste für uns. Wir sollten sagen: »Ich glaube, dass Gott mich täglich verändert. Aber in diesem Veränderungsprozess werde ich nicht abwerten, was Gott wertschätzt. Ich nehme mich selbst an, weil Gott mich angenommen hat. Gott sieht nicht nur, wie ich jetzt bin, sondern auch, wie ich einmal sein werde. Er liebt mich in jedem Stadium des Wachstums und der Reife, weil ich sein Kind bin.«

Je mehr du dich so siehst, wie Gott dich sieht – als jemand, der geschätzt und geliebt ist –, desto mehr verändert sich dein Selbstbild. Du wirst einen Menschen sehen, der deine Investition verdient hat.

Wie du in dich selbst investieren kannst

Jetzt, da du weißt, dass du wertvoll bist und diese Investition verdient hast, möchte ich dir einige konkrete Anregungen geben, wie du das tun kannst. Vielleicht sind diese Ideen neu für dich, oder vielleicht sind es bloß Erinnerungen an das, was du schon für wichtig hältst. So oder so, lass dich durch diese Liste motivieren, in dich selbst zu investieren – in Geist, Seele *und* Körper.

Du kannst heute anfangen, in dich selbst zu investieren, und zwar so:

- Bewege dich täglich. Spazierengehen, Joggen, Schwimmen, Gewichtheben, sportliche Spiele mit den Kindern – was immer am besten passt. Mach dir einen Plan und halte dich daran.
- Sorge für genug Schlaf. Wenn du aufgrund deiner Pflichten morgens nicht später aufstehen kannst, sei diszipliniert und geh abends entsprechend früh schlafen. Ein ausreichendes Maß an Ruhe und Erholung ist wichtig, um sich angemessen um den eigenen Körper zu kümmern.
- Fördere und entwickle deinen Geist. Lies Bücher, sei kreativ, erweitere dein Vokabular, halte deinen Kopf aktiv. Suche dir Mittel, deine Gedanken anzuregen und mehr zu lernen.

- Streiche destruktive, ungesunde Gewohnheiten. Keine Ausreden mehr – heute kann der Tag sein, an dem du endlich die Gewohnheit ablegst, die dir deine Gesundheit ruiniert und deinen Frieden raubt.
- Fang mit einer neuen, gesunden Gewohnheit an. Am besten bricht man mit einer schlechten Gewohnheit, indem man eine gute Gewohnheit entwickelt! Was kannst du zu einem neuen gesunden Teil deines Lebens machen? Mehr lachen, Gartenarbeit, den Hund ausführen, Biokost essen – werde kreativ!
- Stelle deine Ernährung um. Heutzutage gibt es so viele Informationen über den Nährwert des Essens. Das war nicht immer so, doch Gott sei Dank erhalten wir mehr und mehr hilfreiche Informationen über unser Essen und die verschiedenen Ernährungsoptionen. Wer sich besser fühlen und besser aussehen möchte, sollte sich unbedingt informieren, was er isst und was er essen sollte.
- Geh deinen Fähigkeiten nach und entwickle deine Talente. Finde das, was du von Natur aus gut kannst, und setze es ein, damit du noch besser wirst. Wenn du Zeit und Mühe in deine gottgegebenen Fähigkeiten steckst, wirst du überrascht sein, was für Möglichkeiten sich dir eröffnen.
- Lass die Dinge sein, die dir Zeit und Freude rauben. Wir können nicht immer tun, was wir tun wollen; wir alle haben Aufgaben und Pflichten, die unsere Aufmerksamkeit erfordern. Doch häufig lassen wir uns die Zeit von unnötigen Dingen stehlen. Falls es etwas gibt, das dich unter Druck setzt und dir deine Zeit raubt, löse dich davon. Das Leben ist zu kurz, um es mit unproduktiven Stressmachern zu verschwenden. Finde heraus, was du gerne tust, und räume in deinem Terminkalender Zeit dafür ein.
- Stärke deine Zuversicht. Ich habe festgestellt, dass ein zuversichtlicher Mensch ein glücklicherer Mensch ist. Beschäftige dich mit dem, was Gott über dich sagt. Umgib dich mit Menschen, die dich ermutigen und inspirieren. Konzentriere

dich auf deine Stärken, nicht auf deine Schwächen. Das alles sind Schlüssel, um zuversichtlicher zu werden.

Dies sind nur einige Möglichkeiten, wie du in dich selbst investieren kannst. Beim Durchlesen der Liste sind dir vielleicht auch eigene Ideen gekommen. Was immer du tust, denk daran, eine Investition erfordert Disziplin und teilweise auch Opfer. Am Anfang ist es nicht immer leicht und es mag etwas dauern, diese neuen, gesunden Gewohnheiten zu entwickeln. Doch du kannst sicher sein: Eine gute Investition in die eigene Person macht sich auf lange Sicht immer bezahlt. Gott möchte, dass du in dich selbst investierst!

Nicht vergessen:

- Investiere in dich selbst!
- Häufig kümmern wir uns nicht angemessen um uns selbst, weil wir uns nicht so sehen, wie Gott uns sieht.
- Lass dich von den vielen Aufgaben und dem schnellen Lebenstempo nicht dazu zwingen, Bewegung, Ruhe und gesundes Essen zu vernachlässigen.
- Sich selbst für wertvoll zu halten, bedeutet nicht, eingebildet oder arrogant zu sein; es bedeutet einfach, sich als Kind Gottes zu sehen. Gott schätzt dich wert und deswegen solltest du dich auch wertschätzen.
- Es erfordert zwar Disziplin und Opfer, in sich selbst zu investieren, lohnt sich aber auf lange Sicht.

PRAKTISCHE TIPPS
... um in dich selbst zu investieren

- Beurteile deine täglichen Aufgaben und Abläufe anhand eines Bestandsbuchs. Wie viele Dinge sind heute »Einzahlungen« und wie viele sind »Abbuchungen« von deinem Leben?
- Mach dir einige »Preisschilder«. Doch statt aufzuschreiben, wie die Gesellschaft dich bewertet, schreibe auf diese Schilder einige der Dinge, die Gott über dich sagt und die er an dir liebt.
- Erzähle deinem Ehepartner oder einem Freund von einer Investition, die du heute in dich tätigen willst. Bitte die Person, dich am Ende des Tages zu fragen, ob du dem Vorhaben treu geblieben bist. Zu wissen, dass diese Frage kommt, wird als zusätzlicher Anreiz dienen.

KAPITEL 9

Sei abenteuerlustig

Das Leben ist entweder ein großes Abenteuer oder es ist gar nichts.

Helen Keller

Kannst du dich an eine Begebenheit oder an eine Lebensphase erinnern, die vom Abenteuer geprägt war? Vielleicht war es der spannende Familienurlaub früher mit deinen Eltern? Vielleicht war es das kribbelnde Hochgefühl, als du deine Ausbildung begonnen hast oder ausgezogen und auf die Uni gegangen bist? Vielleicht denkst du sehnlichst an die ersten Ehejahre zurück, als alles frisch und neu erschien. Abenteuer gibt es in vielen Formen. Man muss kein Draufgänger oder Adrenalinjunkie sein, um Abenteuer zu lieben. Man kann Abenteuer im Beruf, in der Familie, in der Freizeit und selbst in der Beziehung zu Gott haben. Das ist definitiv in meinem Leben der Fall.

Hast du schon einmal einen dieser alten Wohnwagen aus silbernem Metall gesehen? Heute gibt es nur noch wenige von ihnen, aber besonders in den 1950ern waren sie in Amerika äußerst beliebt. Sie eigneten sich auch sehr gut als Aufbewahrungsort, waren relativ leicht zu transportieren und sahen aus wie … nun, so ein bisschen wie eine große Seifenblase. Jedes Mal, wenn Dave und ich einen dieser Wohnwagen sehen, erinnert uns das an eine abenteuerliche Zeit in unserer Arbeit und unserer Ehe. Der Grund ist, dass wir zu Beginn unseres christlichen Dienstes unsere Ausrüstung in so einem »Seifenblasen«-Wohnwagen mit uns herumkarrten. Unsere Organisation war damals nicht annähernd so groß wie heute. In der Anfangszeit waren es nur Dave und ich, unterstützt von einem Mann, der singen und Gitarre spielen konnte.

Ich weiß noch, wie aufregend es trotz mancher Schwierigkeiten für uns war, anderen Menschen die Wahrheiten der Bibel nahezubringen. Unsere Treffen waren relativ klein. Wir reisten nicht weit – nur zu verschiedenen Kirchen und Veranstaltungsorten in und um St. Louis. Wir wussten nicht genau, was Gott hinter den Kulissen vorbereitete, aber wir hatten große Träume für die Zukunft. Es waren Tage, in denen sich Angst mit Begeisterung mischte, Tage knapper Finanzen, harter Arbeit, voller Enttäuschungen und Aufregungen. Aber wir haben es geschafft, und seitdem hat sich vieles verändert.

Durch die Gnade Gottes sind wir heute in der Lage, die Bibel auf der ganzen Welt zu lehren und Menschen mit der Liebe Jesu vertraut zu machen. Wir haben erlebt, wie sich Tausende bei unseren Veranstaltungen entschieden haben, Jesus Christus nachzufolgen. Wir ernähren und umsorgen zahllose Kinder in Drittweltländern.

Unsere Fernsehsendung wird in vielen Ländern auf jedem Kontinent ausgestrahlt und Millionen Menschen haben durch verschiedenste Initiativen Hilfe erfahren. Doch ich muss zugeben, dass mir manchmal meine Abenteuerstimmung verloren geht, weil ich mich zu sehr auf die Arbeit und meine Verantwortung konzentriere. Wenn das geschieht, kommt mir auch die Freude abhanden, und ich nehme mir vor, wieder mehr auf Abenteuer bedacht zu sein.

Eine Abenteuerstimmung ist entscheidend, um das Leben genießen zu können, das Gott uns gegeben hat. Abenteuer müssen gar nichts Teures oder Ausgefallenes sein. Meine eigene Lebensgeschichte beweist, dass man selbst mit einem Wohnwagen in unmittelbarer Nähe ein Abenteuer erleben kann. Es kommt alles auf die Perspektive an.

Wer jeden Tag des Lebens als große Chance sieht und nicht als langweilige Pflicht, erlebt auch große Abenteuer!

Denk daran: Wir sind auf einer Reise mit Gott – und was kann aufregender sein als das?

- Du kannst den Besuch im Park mit deinen Kindern oder Enkelkindern in eine Schnitzeljagd verwandeln. *Abenteuer!*
- Du kannst etwas mehr Leben in einen kinderfreien Abend bringen. Statt mit deinem Partner erneut das gleiche Restaurant aufzusuchen und hinterher ins Kino zu gehen, probiere mal eine neue Essgelegenheit und eine neue Aktivität nach dem Essen aus. *Abenteuer!*
- Dein Job muss nicht langweilig sein. Übe dich im Querdenken. Schlag neue Strategien vor oder ergreife die Initiative mit einer mutigen Idee. *Abenteuer!*
- Statt in deiner geistlichen Kuschelecke zu bleiben, engagiere dich doch mal in einem neuen Bereich oder nimm an einer Missionsreise teil. *Abenteuer!*

Um jeden Tag zu verbessern, gibt es kaum ein schöneres Mittel, als aus alltäglichen Aktivitäten eine Form von Abenteuer zu machen. Abenteuerlustig zu sein, hat mehr mit der Einstellung als mit irgendetwas anderem zu tun. Sei kein verbitterter Mensch, der sich neidisch über das spannende Leben eines Freundes, Nachbarn oder Kollegen beklagt. *Hätte ich so viel Geld wie die!* Oder: *Hätte ich so viel Freizeit wie die!* Sei nicht eifersüchtig auf andere und mach keine Ausflüchte.

Es hängt nicht so sehr vom Geld oder von der Zeit ab, sondern davon, ob du dein Leben genießen willst – jeden Tag –, komme, was da wolle. Wir alle haben die Tendenz, uns an unsere Routinen zu gewöhnen. Das ist grundsätzlich auch nicht schlecht, aber wir müssen ein bisschen Abenteuer hineinmischen, sonst wird die Routine zu einer Kummerquelle. Sonst leben wir jahrelang, ohne zu wissen, was wir verpassen.

Lebe mutig und ohne Angst vor dem Versagen

In der Bibel ruft Gott uns immer wieder auf, mutig zu sein und Dinge zu wagen. Falls du eher keine Risiken eingehen willst, weil du Angst hast, Fehler zu machen, möchte Gott dich wissen lassen, dass er sich freut, wenn du mutig genug bist, es wenigstens zu versuchen. Es kommt nicht so sehr darauf an, alles bis ins Detail richtig zu machen. Viel wichtiger ist es, dass du Glaubensschritte wagst und mit Gottes Hilfe rechnest!

In 2. Timotheus 1,7 steht:

Denn Gott hat uns nicht einen Geist der Furcht gegeben, sondern einen Geist der Kraft, der Liebe und der Besonnenheit.

Gott hat uns einen »Geist der Kraft« gegeben, und er möchte, dass wir davon Gebrauch machen! Es erfordert keinen Mut, das zu tun, was wir bereits mit Leichtigkeit tun können.

Wahrer Mut zeigt sich darin, dass
man vor etwas Angst hat, es aber
trotzdem tut.

Tatsache ist: Wir müssen uns unseren Ängsten nie fügen, weil wir Gott stets um Hilfe bitten können.

Viele Menschen haben solche Angst davor, Fehler zu machen, dass sie überhaupt nichts wagen. Sie sind vor Angst erstarrt. Statt einen abenteuerlustigen Geist zu haben, statt Neues auszuprobieren, sitzen sie nur herum und fragen sich: *Was ist, wenn ich falschliege? Was ist, wenn das in die Hose geht? Was ist, wenn mir das keinen Spaß macht? Was werden die anderen denken?* Solche Überlegungen sind Energieverschwendung und ein sicherer Weg, um ein gefahrloses, langweiliges »Wenigerals-das-Beste-was-Gott-für-dich-hat«-Leben zu führen. Es ist menschlich, Fehler zu machen und sich zu blamieren. Aber solange wir uns aufhalten lassen von der Angst, dass andere uns verurteilen, kritisieren oder auslachen könnten, werden wir im Leben nie vorankommen. Manchmal habe ich es satt, immer das Gleiche zu essen, und ich bin dafür bekannt, mich darüber zu beklagen – sogar erst kürzlich wieder. Doch ich zögere, etwas Neues zu probieren, weil ich befürchte, dass ich es vielleicht nicht mag! Ich habe nur zwei Möglichkeiten, und zwar: (1) immer weiter dasselbe zu essen und keine Freude daran zu haben; (2) etwas Neues zu probieren und dabei entweder zu riskieren, dass ich es nicht mag, oder aber die Gelegenheit für eine wunderbare kulinarische Entdeckung zu schaffen! Es liegt ganz an mir, wofür ich mich entscheide.

Was unsere Fehler betrifft, kommt es Gott nicht so sehr auf unsere Leistung, sondern vielmehr auf unser Herz an. Gott weiß, dass wir nicht perfekt sind, und damit hat er kein Problem. Der Teufel ist sich unserer Unvollkommenheiten ebenfalls bewusst und bemüht sich redlich, uns so oft wie möglich daran zu erinnern. Er greift häufig ohne Vorwarnung an. In dem Fall müssen wir zurückschlagen.

Wir setzen die mächtigen Waffen Gottes und keine weltlichen Waffen ein, um menschliche Gedankengebäude zu zerstören. Mit diesen Waffen zerschlagen wir all die hochtrabenden Argumente, die die Menschen davon abhalten, Gott zu erkennen. Mit diesen Waffen bezwingen wir ihre widerstrebenden Gedanken und lehren sie, Christus zu gehorchen.

2. Korinther 10,4-5

Der Teufel weist uns nur zu gerne auf unsere Fehler hin. Doch nur weil wir Fehler machen, heißt das nicht, dass wir ein Fehler sind! Der größte Fehler, den wir machen können, ist, unter keinen Umständen einen Fehler machen zu wollen.

Ich möchte dich ermutigen, dich von deiner Angst vor Fehlern nicht gefangen halten zu lassen. Du wirst Fehler machen. Das tun wir alle. Gott erwartet von dir nicht, dass du keine Fehler machst. Vielmehr ruft er dich auf, mutig zu sein. Er möchte, dass du das Leben unerschrocken angehst, Glaubens-schritte wagst und auf seine Führung vertraust.

Abenteuer und Glaube gehen Hand in Hand

Gott hat große Abenteuer für uns vorgesehen. Es ist spannend, wenn er uns Träume und Wünsche ins Herz pflanzt. Doch das kann gleichzeitig unbequem sein, da Neues immer auch Widrigkeiten mit sich bringt. Deshalb scheuen sich so viele Menschen davor, Neues zu wagen. Die Hürden, die ihnen im Weg stehen, schüchtern sie ein. Wir sollten jedoch nicht wegen dieser Hürden aufgeben, sondern uns für Mut und Zuversicht entscheiden. Jesus hilft uns dabei.

Gott möchte nicht, dass wir ein zurückhaltendes, schüchternes, schwaches, kümmerliches, ängstliches, langweiliges Leben führen. Er möchte, dass wir mutig, zuversichtlich und kühn sind, ohne uns vor Neuem zu scheuen.

Es erstaunt mich immer wieder,
was Gott durch einen Menschen
tun kann, der einen Glaubensschritt wagt.

Gott wird dich auffordern, das Vertraute hinter dir zu lassen und dich auf ein neues Abenteuer einzustellen. Lass dich dabei anspornen von dem, was Gott in der Bibel sagt. Wenn du dich in das hineinwagst, was er für dich vorbereitet hat, macht seine Kraft das Unmögliche möglich. In 1. Johannes 2,27 steht: *Aber ihr habt den Heiligen Geist von Gott empfangen, und er lebt in euch …* Denk einmal darüber nach. Er, der Heilige Geist, lebt auf Dauer in dir, mit all seiner Kraft und Befähigung. Warum solltest du also ein langweiliges Dasein fristen, wo doch ein eindrucksvolles, abenteuerliches Leben auf dich wartet?

Statt vor den Herausforderungen zurückzuschrecken, die

Abenteuer unweigerlich mit sich bringen, können wir lernen, sie direkt anzugehen. Ich muss das auch in meinem Leben immer wieder praktizieren. Ein Beispiel dazu:

Vor Jahren benötigten wir dringend mehr Bürofläche. Wir brauchten außerdem mehr Angestellte, was mehr Schreibtische, Computer, Telefone und so weiter bedeutete. *Wir hatten eine Wahl.* Wir hatten um Wachstum gebetet, damit wir mehr Menschen helfen konnten, und nun erlebten wir tatsächlich Wachstum. Alles wuchs: Bestellungen unserer Materialien, Vortragstermine, Telefonanrufe, Post. Es war Gottes Timing und er war am Wirken. Wir mussten eine Entscheidung treffen, uns entweder von den Hürden abschrecken zu lassen oder die Gelegenheit beim Schopf zu ergreifen und Schritte zu wagen. Wären wir nicht bereit gewesen, mehr Räume anzumieten und mehr Mitarbeiter einzustellen, hätten wir mit dem Wachstum nicht mithalten können.

Ich kann dir versichern, dass Zweifel mich von diesem Schritt abhalten wollten. Ich hörte Dinge wie: »Joyce, du bist dieser Sache nicht gewachsen. So viel Geld solltest du nicht ausgeben. Was ist, wenn das Wachstum nicht weitergeht?« Doch statt uns in Sicherheit zu flüchten, wagten wir den Glaubensschritt. Wir beschlossen, weiter nach vorne zu drängen und darauf zu vertrauen, dass Gott uns mit dem versorgen würde, was wir brauchten. Und weißt du was? Genau das hat er auch getan!

Natürlich sollten wir nicht aus rein menschlichen Impulsen heraus nach vorne drängen oder uns außerhalb von Gottes Timing bewegen. Aber wenn Gott sich in Bewegung setzt, dürfen wir uns nicht scheuen, mit ihm Schritt zu halten. In meiner Situation hatte ich die Wahl, mich von meinen menschlichen Einwänden oder dem Drängen des Heiligen Geistes leiten zu lassen. Glaube und Abenteuer gehen Hand in Hand. Glaubensschritte, die den Fußstapfen Gottes folgen, sind immer ein Abenteuer. Er führt uns höher und weiter, als wir von uns aus je gehen könnten!

Dein Abenteuer mit Gott

In Jesaja 41,10 steht: *»Fürchte dich nicht, denn ich bin bei dir.«*

Lass nicht zu, dass die Angst vor
etwas Unbekanntem die Freude
an etwas Neuem verhindert.

Gott ist mit dir und wird dir helfen. Statt darüber nachzudenken, wie besorgniserregend es ist, aus deinem Wohlfühlbereich herauszutreten, etwas Neues auszuprobieren oder drastische Veränderungen vorzunehmen, denk daran, wie wunderbar es ist, wenn Gott etwas in deinem Leben tut. Abenteuer ist nichts, was dich einschüchtern sollte. Es ist etwas, das dich beleben sollte!

Das Leben ist ein Abenteuer! Abraham lebte abenteuerlich, Gideon lebte abenteuerlich, Ester lebte abenteuerlich, David lebte abenteuerlich, Paulus lebte abenteuerlich … und Jesus auch. Bitte Gott, aus deiner Lebensgeschichte eine aufregende Geschichte zu machen. Ob es nun um deine Ehe, deine Arbeitsstelle, deine Kinder oder deine Freizeit geht – suche nach neuen Abenteuern und mach dich darauf gefasst, dass Gott etwas Unglaubliches in deinem Leben tun wird.

Einige Menschen brauchen mehr Abenteuer als andere. Falls du zu denen gehörst, die kein großes Bedürfnis nach Abenteuern haben, musst du nicht rein dem Abenteuer zuliebe ein Abenteuer aufsuchen. Doch falls du feststellst, dass deine Freude verpufft ist und du deinen Alltag etwas beleben willst, kann ein gelegentliches Abenteuer genau das Richtige sein!

Nicht vergessen:

- Abenteuerstimmung spielt eine ganz wichtige Rolle, um das gottgegebene Leben zu genießen.
- Du musst kein Draufgänger oder Adrenalinjunkie sein, um Abenteuer zu erleben. Du kannst in deinem Beruf, deiner Familie oder Freizeit und selbst in deiner Gottesbeziehung abenteuerlustig sein.
- Du darfst ruhig Fehler machen. Wichtig ist vor allem, dass du Glaubensschritte wagst und auf Gottes Hilfe vertraust.
- Abenteuer und Glaube gehen Hand in Hand.

PRAKTISCHE TIPPS
... um abenteuerlustiger zu werden

- Sollte die Vorstellung der Abenteuerlust neu für dich sein, fang klein an. Nimm dir einen Zettel und schreibe eine Sache auf, die deinen Tag ein wenig abenteuerlicher machen würde, als er normalerweise ist.
- Beschäftige dich mit den Männern und Frauen in der Bibel, die Glaubensschritte wagten und sich auf ein Abenteuer mit Gott einließen. Bete und bitte Gott, von ihnen zu lernen.
- Wenn du willst, fang jetzt an, auf ein größeres Abenteuer im nächsten Jahr zu sparen – einen Urlaub, eine Missionsreise, eine völlig neue Garderobe.
- Überlege dir, in welchen Bereichen du zu sehr auf Nummer sicher gehst. Fordere dich zu mehr heraus: Setze dir höhere Ziele und füge mit Gottes Hilfe jedem dieser Bereiche mehr Energie zu.

KAPITEL 10

Tu etwas, das dir Spaß macht

Nicht, wie viel wir haben, macht uns glücklich, sondern wie sehr wir es genießen.

Charles Spurgeon

Manche Menschen neigen dazu, die Dinge viel komplizierter anzugehen als nötig. Obwohl es nicht unbedingt ihre Absicht ist, passiert es ihnen trotzdem. Kennst du das? Hast du schon einmal eine simple Situation unnötig verkompliziert? Ich auf jeden Fall. Meiner Meinung nach ist das jedem schon passiert. Verkomplizierungen können viele Formen annehmen:

- Wir fühlen uns gestresst und machen uns Sorgen über körperliches Unwohlsein, dabei bräuchten wir nur ein bisschen mehr Schlaf.
- Wir geraten in Panik, weil der Motor unseres Autos ausfällt, und stellen dann fest, dass wir vergessen haben zu tanken.
- Statt fünfe gerade sein zu lassen, hegen wir Groll gegen einen Freund, der unsere Gefühle verletzt hat. Dabei können wir uns gar nicht mehr daran erinnern, worum es bei der Auseinandersetzung eigentlich ging.
- Wir denken an all die Gründe, warum Gott uns unmöglich lieben kann, statt einfach zu glauben, was in der Bibel steht: dass er uns bedingungslos liebt.
- Wir geben viel Geld für Sportgeräte aus, obwohl wir nur draußen spazieren gehen müssten.

Wie gesagt, wir neigen dazu, die Dinge zu verkomplizieren.

Dieses Kapitel ist mein offizieller Protest gegen unnötige Verkomplizierung. Es ist ein Kapitel, auf das ich mich schon seit der Konzipierung dieses Buches gefreut habe. Ich liebe praktische Ansätze, und praktischer geht's doch gar nicht: Wer sich einen besseren Tag wünscht, der sollte ihn nicht zu sehr verkomplizieren.

Tu etwas, das dir Spaß macht! Schau dir einen lustigen Film an, gehe nach draußen und tanke etwas Sonne, hole dir auf dem Nachhauseweg von der Arbeit ein Joghurteis, gehe mit einem Freund joggen, trinke einen Kaffee und entspanne dich. Habe etwas Spaß und genieße das Leben, das Jesus dir geschenkt hat.

Vielleicht denkst du: *Joyce, das klingt aber nicht sehr verant-wortungsbewusst. Ich muss Dinge erledigen. Ich habe Verpflich-tungen. Ich kann nicht jeden Tag einfach nur das tun, worauf ich gerade Lust habe.* Das schlage ich auch gar nicht vor. Erfülle deine Pflichten und erledige deine Aufgaben. Doch du kannst deinem Leben eine erfrischende Note verleihen, indem du dir auch Zeit für Spaß nimmst. Widerstehe der Versuchung, mit einem Märtyrerkomplex durchs Leben zu gehen. Du musst dich nicht 24 Stunden am Tag unter Lasten beugen, um erfolg-reich zu sein oder Anerkennung zu bekommen. Arbeit ist ein wichtiger Teil des Lebens, aber das Leben besteht aus mehr als Arbeit.

Wenn nur deine Arbeit dir ein gu-tes Selbstwertgefühl verleiht, ist dein Leben zu kompliziert.

Ich bin ein äußerst zielorientierter Mensch. Mir gefällt es, mich an die Arbeit zu machen und etwas zustande zu bringen. Doch Gott hat mir schon vor langer Zeit gesagt, wie wichtig es ist, auch mal das Tempo zu drosseln und Raum für die anderen Dinge zu schaffen, die ich genieße. Heute schreibe ich bereits seit mehreren Stunden an diesem Buch, aber ich habe mir auch drei kurze Pausen gegönnt. In einer Pause habe ich mir etwas zu trinken geholt und zehn Minuten auf der Dachterrasse in der

Sonne gesessen. Solche Kleinigkeiten helfen manchmal am meisten. Jesus sagt in Johannes 10,10:

>*Ein Dieb will rauben, morden und zerstören. **Ich aber bin gekommen, um ihnen das Leben in ganzer Fülle zu schenken.***«

Ist das nicht sensationell? Jesus ist gekommen, damit du und ich das Leben in ganzer Fülle haben können – damit wir es genießen können. So einfach ist das! Selbst inmitten der Verrücktheit dieser Welt, inmitten des Tagesbetriebs, trotz all der Schwierigkeiten, unabhängig von Umständen, ungeachtet der Verantwortung – Gott möchte, dass wir auch Spaß haben. Sein Wille ist, dass wir unser Leben genießen.

Falls dir das neu ist oder falls du dir nicht sicher bist, wo du anfangen sollst, findet du hier einige Möglichkeiten, wie du mehr Spaß haben kannst:

1. Überlege dir, was dir Spaß macht.

Wusstest du, dass die meisten Menschen zögern, wenn man sie fragt: »Was machst du aus Spaß an der Freude?«? Man bekommt eine Menge Antworten, die mit »Ähmmmm« oder »Da muss ich mal nachdenken« beginnen oder selbst: »Weiß ich nicht genau. Frag mich später noch mal.« Tatsache ist, dass viele Menschen so beschäftigt und belastet sind, dass sie schon seit Langem nichts mehr aus Spaß an der Freude machen. Ich war vor einigen Jahren auch so ein Mensch, und ich musste bewusst *lernen*, Spaß zu haben.

Inzwischen gibt es mehrere Dinge, die ich aus reinem Vergnügen tue, wenn ich etwas freie Zeit habe. Ich sehe mir gerne gute Filme an. Ich verbringe gerne Zeit mit meinen Kindern und Enkelkindern. Ich gehe gerne shoppen. Ich mag den Duft schöner Kerzen. Und ich treffe mich gerne mit guten Freunden, besonders mit solchen, die mich zum Lachen bringen! Ich bin zwar eine Person mit einem vollen Terminkalender und ich kann diese Dinge nicht ständig tun, aber ich habe gelernt, dass ich sogar produktiver bin, wenn ich mir Auszeiten gönne, in denen ich Spaß habe. Es geht immer um die richtige Balance. Was sind einige der Dinge, die dir Spaß bringen?

Um das zu *tun*, was dir Spaß bringt, musst du erst einmal *wissen*, was dir Spaß bringt.

Machst du gerne Sport? Dann nimm dir mehr Zeit dafür. Machst du gerne Musik? Wann war das letzte Mal, dass du ein Instrument gespielt hast? Liebst du einen guten Kaffee? Dann setze dich für deinen nächsten Kaffee doch mal bewusst hin und genieße ihn, statt ihn dir auf dem Weg zur Arbeit schnell in den Rachen zu gießen. Überlege dir, woran du Freude hast, und dann genieße es.

2. Warte nicht auf »Wenn«.

So viele Menschen haben sich die Denkweise angeeignet, dass sie glücklich sein und Spaß am Leben haben werden, *wenn* … *Wenn* sie Urlaub machen, *wenn* die Kinder älter sind, *wenn* sie beruflich mehr erreicht haben, *wenn* sie heiraten – die Liste ließe sich beliebig fortsetzen.

Ich kann das nachvollziehen. Es hat eine Zeit in meinem Leben gegeben, in der mir zwar der Gedanke gefiel, eine christliche Arbeit zu tun, ich aber nicht wirklich Freude an der täglichen Verantwortung und den Aktivitäten hatte, die dazugehörten. Ich musste lernen, im Hier und Jetzt zu leben und mich an dem zu erfreuen, was Gott in den jeweiligen Momenten durch mich tun wollte, statt das Ende einer Konferenz oder einen Urlaub herbeizusehnen. Bitte verstehe das: Gott möchte, dass du dein Leben *jetzt* genießt, nicht *wenn* …

- Angenommen du hast einen anstrengenden Tag. Dann warte nicht auf den nächsten Tag, um Freude zu erleben. Suche in jedem Tag nach dem Guten.
- Angenommen du hast momentan kaum Geld zum Ausgeben übrig. Das heißt nicht, dass du nichts tun kannst, was dir Spaß macht. Finde eine günstige (oder kostenlose) Option und amüsiere dich!
- Angenommen du hast ein schwieriges zweijähriges Kind und würdest am liebsten von zu Hause weglaufen. Dann versuche zur Ruhe zu kommen und auch diese Phase im Leben deines Kindes zu genießen, denn sie kommt nur einmal.

Falls du derzeit viel zu beschäftigt bist, um irgendetwas zu genießen …

3. Plane Zeit für Spaß ein.

Es kann gut sein, dass du jetzt wirklich nicht alles stehen und liegen lassen kannst, um dich zu amüsieren. Aber seien wir doch mal ehrlich. Solange wir nicht ganz bewusst Zeit dafür einplanen, wird es auch nicht passieren. Es gibt immer einen weiteren Termin, einen unerwarteten Anruf, eine dringende Besorgung oder einen Notfall, der jeden Spaß aufs Eis legt. Doch das müssen wir uns nicht gefallen lassen.

> Unser Terminkalender sollte nicht zu unserem Feind werden, sondern kann unser Verbündeter sein.

Ich habe gelernt, dass ich mir Zeit für Spaß nehmen darf. Also: Komme den Verpflichtungen nach, die du bereits eingegangen bist, aber beginne sofort damit, für die Zukunft Spaß einzuplanen. Allein die Vorfreude auf die anstehende Auszeit hilft.

Ich hörte einmal von einer Geschäftsfrau, die gefragt wurde, was sie für einen bestimmten Tag geplant hatte. Sie antwortete:

»Einen Moment, ich schau mal kurz in meinem Terminkalender nach. Oh, an dem Tag mach ich nichts.« Die andere Person entgegnete: »Sehr schön. In dem Fall würde ich dann gerne einen Termin mit Ihnen vereinbaren.« Sie antwortete freundlich, aber bestimmt: »Oh, Sie verstehen nicht. Der Tag passt mir nicht. In meinem Kalender steht, dass ich an dem Tag nichts tue.« Das ist ein perfektes Beispiel dafür, wie man eine Auszeit von der Routine des geschäftigen Lebens einplanen kann, um zu entspannen und Spaß zu haben.

4. Genieße die kleinen Freuden.

Dwight L. Moody sagte: »Viele von uns tun gerne Großes für den Herrn, aber wenige von uns tun gerne Kleines für ihn.«[4] Wie wahr! Ich glaube, das gilt auch für unseren Alltag. Die meisten Menschen genießen am liebsten das Große – die besonderen Tage und aufregenden Ereignisse –, lassen sich aber häufig die kleinen Freuden entgehen.

Doch gerade die kleinen Freuden des Lebens können uns am meisten Vergnügen bereiten: das Lachen eines Babys, ein schöner Sonnenaufgang, ein leckeres Essen, ein lustiger Film, ein gutes Gespräch. Ich habe einige Freunde, die mich mehr zum Lachen bringen als viele Filme, die als Komödien verkauft werden! Dave und ich lachen viel zusammen, besonders am Morgen. Der Morgen scheint Daves spezielle Zeit zu sein, mich aufzuziehen. Manchmal versuche ich mich auf etwas zu konzentrieren und er macht sich einen Spaß daraus, mich zu necken, bis wir beide in schallendes Gelächter ausbrechen! Eine Ehe, in der viel gelacht wird, hält länger.

Wir erleben nicht immer große Dinge, die uns erfreuen, aber wir alle haben kleine Freuden, die wir wertschätzen können. Wenn dein Tag mal nicht so glücklich verläuft, stell dich hin und danke Gott, dass du zwei Beine hast. Dreh den Wasserhahn am Waschbecken oder der Badewanne auf und danke Gott, dass du ausreichend sauberes Wasser hast und nicht – wie viele Menschen auf der Welt – drei Stunden lang zu Fuß gehen musst, um dir Wasser zu holen.

Was immer du tust, sei nicht den ganzen Tag unglücklich. Ergreife die Initiative und tu etwas, um deinen Tag zu verbessern.

5. Übernimm Verantwortung für dein Glück.

Ich habe gelernt, dass ich die Verantwortung für mein Glück keinem anderen überlassen kann. Ich muss die Verantwortung dafür selbst übernehmen. Früher habe ich mich häufig bemitleidet, wenn Dave am Tag nach einer unserer großen Konferenzen Golf spielen ging. Ich wollte, dass er mich beim Shoppen begleitete oder sich mit mir einen Film anschaute. Doch Gott hat mir gezeigt, dass wir alle auf unterschiedliche Weise entspannen und wieder auftanken. Im Umgang mit anderen sind angemessene Erwartungen wichtig, damit wir frei dem nachgehen können, was uns Spaß macht.

Jeder Tag ist mit allen möglichen Situationen gefüllt, die dich aus der Ruhe bringen können. Du verlierst deinen Autoschlüssel oder bleibst im Stau stecken. Doch du kannst dich entscheiden, deine Ruhe zu bewahren und die Kontrolle zu behalten. Übernimm die Verantwortung für dein eigenes Glück, statt sie auf andere Menschen oder äußere Umstände zu übertragen.

Es ist eigentlich ganz einfach

Wow! Denk daran, was wir in diesem Kapitel erreicht haben (bis jetzt eins meiner Lieblingskapitel). Wir haben das Wirrwarr der Verkomplizierung durchschnitten und sind zur einfachen, aber einschlägigen Erkenntnis gekommen, dass wir jeden Tag mehr genießen können, wenn wir uns auch tatsächlich die Zeit dafür nehmen, etwas zu genießen. Damit nicht genug: Wir haben fünf konkrete Schritte entdeckt, wie wir für diese Dinge in unserem Leben Raum schaffen können. Ich hoffe, dass du dieses Kapitel hilfreich fandst und darauf zurückgreifen kannst, wenn das Leben mal wieder hektisch wird und deine Tage sich in Einzelheiten verheddern.

Denk daran, es ist nicht kompliziert, das Leben zu genießen, das Jesus dir geschenkt hat. Gehst du gerne spazieren? Dann geh nach draußen. Strickst du gerne? Dann hol das Strickzeug raus und entspann dich. Backst du gerne? Dann nur zu, back etwas (und iss das, was du gebacken hast). Liest du gerne? Gut gemacht! Du liest bereits! Was immer dir Freude macht … nimm dir so oft wie möglich Zeit dafür. Eigentlich ist das doch alles ganz einfach, oder?

Nicht vergessen:

- Wenn dein Tag besser werden soll, dann *tu etwas, das dir Spaß macht!* Amüsiere dich und genieße das Leben, das Jesus dir geschenkt hat.
- Du musst dich nicht rund um die Uhr unter Lasten beugen, um erfolgreich zu sein oder Anerkennung zu bekommen. Arbeit ist zwar ein wichtiger Aspekt des Lebens, aber das Leben dreht sich nicht nur um die Arbeit.
- Warte nicht auf das »Wenn«, bevor du Spaß hast. Mach aus dem heutigen Tag das Beste.
- Die meisten Menschen unternehmen nie etwas Schönes, solange sie es nicht bewusst in ihren Terminkalender schreiben.
- Du kannst (und sollst) ein Mensch sein, der Verantwortung für sein eigenes Glück übernimmt.

PRAKTISCHE TIPPS
... um mehr Spaß zu haben

- Warte nicht. Schiebe es nicht auf. Nimm dir heute mindestens eine halbe Stunde lang Zeit (oder länger, wenn möglich), um etwas zu tun, das dir wirklich Spaß macht.
- Erstelle eine Liste mit Dingen, die du gerne tust – sowohl große als auch viele kleine Dinge. Mach ein Häkchen hinter die, für die du dir tatsächlich Zeit nimmst.
- Denke über folgende Fragen nach: »Wann war das letzte Mal, dass ich etwas nur aus Spaß an der Freude getan habe?« Und: »Wie oft passiert das?« Falls dir die Antworten nicht gefallen, ändere etwas daran.

KAPITEL 11

Lebe wahrhaftig

Alle Wahrheiten sind leicht verständlich von dem
Zeitpunkt an, wo sie aufgedeckt werden. Die Frage
ist, ob sie aufgedeckt werden.

Galileo Galilei

Ich habe einmal eine Fabel gehört, die ungefähr so ging:

Eines Tages war der Teufel mit einem seiner Lakaien unterwegs. Sie musterten die Menschen, auf der Suche nach ihrer nächsten Beute. Da sahen sie einen jungen Mann, der sich bückte und einen glänzenden, aber zerbrochenen Gegenstand aufhob.

»Was hat er da gefunden?«, fragte der Lakai des Teufels.

»Ein Stück der Wahrheit«, erwiderte der Teufel.

»Ist das ein Grund zur Sorge? Stört es dich, dass er ein Stück der Wahrheit gefunden hat?«, fragte der Dämon.

»Nein«, antwortete Satan. »Solange er nur ein Stück der Wahrheit besitzt, wird sie ihm mehr schaden als nützen.«

Einseitige oder verwässerte Wahrheit kann sehr gefährlich sein. Sie kann Gefühle der Verurteilung hervorrufen und uns davon überzeugen, dass wir minderwertig oder wertlos sind. Wir merken es vielleicht nicht, aber Teilwahrheiten können unser Urteilsvermögen trüben, unser Herz täuschen, unsere Freude stehlen und unsere Motive verdrehen. Zum Beispiel:

- Du hast die Wahrheit gehört, dass Gott dich liebt. Aber du glaubst, dass er dich nur liebt, wenn du dir seine Liebe *verdient* hast. Jetzt bist du einer Teilwahrheit anheimgefallen. Du machst dich selbst fertig und versuchst dir etwas zu verdienen, was dir umsonst gegeben worden ist (siehe Römer 5,8; 1. Johannes 4,19).

- Du hast die Wahrheit gehört, dass der Teufel dein Feind ist. Doch wenn du deswegen in ständiger Furcht vor ihm lebst und schreckliche Angst vor seinen Angriffen hast, lässt du dich von einer Teilwahrheit tyrannisieren. Ja, du hast einen Feind, aber du musst dich nicht vor ihm fürchten. Gott ist größer (siehe 1. Johannes 4,4)! Wir können dem Teufel widerstehen und er muss fliehen (siehe Jakobus 4,7).

- Du weißt, dass du Beziehungen brauchst, und versuchst deswegen, allen Menschen zu gefallen, um von ihnen angenommen zu werden. Auch hier beeinflusst dich eine Teilwahrheit auf negative Weise. Freundschaften und enge Beziehungen sind wichtig und können dir viel nützen, aber du musst dich nicht verstellen, nur um einem anderen zu gefallen. Du darfst du selbst bleiben – die einzigartige, wertvolle Person, die Gott geschaffen hat. Ein wahrer Freund liebt dich so, wie du bist (siehe Psalm 139,14).

Diese Beispiele sind nur einige von vielen, die zeigen, warum der Teufel möchte, dass du dein Leben auf Teilwahrheiten aufbaust. Solange du dich mit weniger als der ganzen Wahrheit begnügst, wirst du immer frustriert, entmutigt und unglücklich sein.

Ein Leben, das auf die ganze Wahrheit baut, ist ein Leben, das du wirklich genießen kannst!

Nichts ist so kraftvoll wie die ganze Wahrheit. Die Wahrheit des Wortes Gottes; die Wahrheit darüber, wie Gott dich sieht; die Wahrheit über Heilung und Freiheit; die Wahrheit über Vergebung und Erlösung – das sind revolutionäre, lebensverändernde Wahrheiten! Wer die Wahrheit (die ganze Wahrheit) kennt und sein Leben von der Kraft dieser Wahrheit bestimmen lässt, der geht den Machenschaften des Teufels nicht mehr auf den Leim.

Statt ein verwirrtes Opfer zu sein, macht uns
ein Leben in der Wahrheit zu einem zuver-
sichtlichen Sieger an der Seite von Jesus.

Hier siehst du, was die Bibel über die Wahrheit zu sagen hat und
wie diese sich auf unser Leben auswirkt:

*»Ihr werdet die Wahrheit erkennen, und die Wahrheit wird
euch frei machen.«*

Johannes 8,32

*»Ich bin der Weg, die Wahrheit und das Leben. Niemand
kommt zum Vater außer durch mich.«*

Johannes 14,6

*Der Herr ist nahe allen, die ihn anrufen, allen, die ihn in
Wahrheit anrufen.*

Psalm 145,18 (SLT)

Und einer meiner persönlichen Lieblingsverse lautet:

*Stattdessen lasst uns in Liebe an der Wahrheit festhalten und
in jeder Hinsicht Christus ähnlicher werden …*

Epheser 4,15

Wohlgemerkt, wir werden nicht dazu aufgefordert, am Zweifel
oder an Teilwahrheiten festzuhalten. Paulus sagt, wir sollen in
Liebe an *der* Wahrheit festhalten.

Ich glaube, dass ein Leben in der ganzen Wahrheit ein we-
sentlicher Schlüssel zu einem glücklichen Leben als Christ ist.
Wir können die Wahrheit über uns selbst entdecken – wer wir
wirklich sind. Wir können die Wahrheit über unsere Beziehungen entdecken, sowohl zu anderen Menschen als auch zu Gott.
Durch die Wahrheit verändert sich alles zum Besseren! Gefühle

der Verurteilung, die mit Halbwahrheiten einhergehen, verschwinden. Die Angst, die die Täuschung mit sich bringt, löst sich in Luft auf. Die durch unvollständige Wahrheiten entstandene Entmutigung ist wie weggewischt. Ein Leben in der ganzen Wahrheit bringt all denen, die sich dafür entscheiden, Frieden, Hoffnung und Freude!

Keine Ausreden mehr

Lukas 19,1-10 erzählt die Geschichte von Zachäus dem Steuereintreiber. Es ist eine faszinierende Geschichte der Vergebung und Erlösung. Doch diese Geschichte enthält noch einen weiteren Aspekt, auf den ich dich hinweisen möchte – etwas, was ich bisher von keinem anderen Bibellehrer gehört habe.

Falls du schon länger in eine Kirche gehst, bist du mit der kurzen Geschichte vermutlich wohlvertraut. Zachäus war unter den Juden ein äußerst unbeliebter Steuereintreiber. Obwohl er selbst jüdisch war, arbeitete er für das repressive Römische Reich. Er finanzierte die Grausamkeiten des Reiches, indem er seinen eigenen Landsleuten das Geld aus der Tasche zog. Mehr noch, er selbst wurde dadurch stinkreich, weil er sich gleichzeitig die eigenen Taschen füllte.

In Lukas 19 kommt Jesus durch Jericho gereist. Zachäus hört davon und mischt sich unter die Menschenmenge, die am Straßenrand steht. Er hofft, einen Blick auf diesen viel diskutierten Rabbi und Wunderwirker zu erhaschen. Doch da Zachäus sehr kurz geraten ist, kann er nicht über die Menge hinwegblicken. Also klettert er auf einen Baum. Was für ein Bild! Ein Betrüger, ein Verräter, ein Volksfeind, der nun an einem Ast hängt und hofft, dem Retter zu begegnen.

An diesem Punkt steigen wir in die Geschichte ein. Jesus sieht Zachäus und fordert ihn auf, vom Baum herunterzukommen, weil er, Jesus, bei ihm zu Hause zu Abend essen will. In der Menschenmenge gibt es Murren, aber der Besuch von Jesus verändert den betrügerischen Steuereintreiber auf einen Schlag. Ohne zu zögern, stellt Zachäus sich hin und sagt:

>*Herr, ich werde die Hälfte meines Reichtums den Armen geben, und wenn ich die Leute bei der Steuer betrogen habe, werde ich es ihnen vierfach erstatten!*<

Lukas 19,8

Viele Predigten wurden schon über Zachäus' Kehrtwendung gehalten und diverse Lektionen daraus gezogen. Seine Herzensänderung ist aufrichtig, was Jesus im nächsten Vers anerkennt. Dort sagt er, dass >dieses Haus Rettung erfahren< hat. Es gibt aber noch einen anderen Aspekt, den ich hervorheben möchte, und zwar diesen: Zachäus redet sich nicht heraus.

Er sagt nicht: >Nun, ich hatte keine Wahl, weil ...<, oder: >Wenn du wüsstest, unter was für einem Druck ich stehe ...<, oder: >Ich hatte als Kind kein gutes Familienleben ...< Der betrügerische Steuereintreiber sagt nichts dergleichen. Als er Jesus gegenübersteht, stellt er sich seinem Problem, gesteht seine Fehler ein, leistet Entschädigung und verspricht, sich zu ändern.

Ich erzähle diese Begebenheit aus der Bibel, weil ich glaube, dass wir nur dann in der ganzen Wahrheit leben können, wenn wir keine Ausreden mehr hervorbringen. Ausreden für eine negative Einstellung, Ausreden für ein hitziges Temperament, Ausreden für mangelnde Initiative, Ausreden für schlechte Angewohnheiten – all das (und mehr) hält uns davon ab, ein glückliches Leben in der Wahrheit zu führen. Wir können jeden Tag viel mehr genießen, wenn wir uns unseren Problemen stellen, unsere Fehler zugeben und wo möglich Wiedergutmachung leisten – und uns dann entschließen, uns zu verändern.

Mir ist klar, dass es *Gründe* gibt, warum wir Mist bauen und versagen. Bestimmte Erfahrungen prägen unser Gefühlsleben und unsere Persönlichkeit. Ich wuchs in einem Zuhause auf, in dem viel Missbrauch herrschte. Das erzeugte tiefen Schmerz in meinem Leben. Ich weiß also, was es bedeutet, Ängste, Zweifel und schwierige Verhältnisse überwinden zu müssen, um vorankommen zu können. Doch wir dürfen aus den *Gründen* für unser Verhalten keine *Ausreden* für dieses Verhalten werden lassen.

Wir dürfen aus den *Gründen* für unser
Verhalten keine *Ausreden* für dieses
Verhalten werden lassen.

Wir sollten unseren Problemen entschieden entgegentreten und unsere Vergangenheit überwinden, statt uns von ihr gefangen halten zu lassen.

Wir haben die Wahl: Entweder können wir ein Leben voller Ausreden oder ein Leben voller Freude führen, aber beides gleichzeitig geht nicht. Ich empfehle ein Leben voller Freude … ein Leben in der ganzen Wahrheit, frei von Ausreden.

- Gibt es Erlebnisse aus deiner Vergangenheit, die immer noch Schmerzen in dir hervorrufen? Dann bringe diese Erlebnisse zu Gott, hole dir die nötige Unterstützung und stelle dich deinen Problemen. *Keine Ausreden!*
- Hast du einen Fehler gemacht? Dann überlege dir, was genau du falsch gemacht hast, lerne daraus und versuche es noch einmal. *Keine Ausreden!*
- Hast du Angst davor, Schritte zu wagen und etwas auszuprobieren? Dann gib zu, dass du dich von Angst zurückhalten lässt. Bitte Gott um Kraft und gehe vorwärts, selbst wenn du dabei Angst verspürst. *Keine Ausreden!*
- Bist du unglücklich? Dann bitte Gott, dir den wahren Grund dafür zu zeigen. Vielleicht stellst du überrascht fest, dass es etwas an deiner Einstellung gibt, das du ändern kannst. In dem Fall lautet die Devise: Genieße deinen Tag! *Keine Ausreden!*

Du findest erst dann Freiheit, wenn du keine Ausreden mehr vorschiebst. Zachäus entschied sich gegen Ausreden und sein Leben veränderte sich. Wenn du dieselbe Entscheidung triffst, bin ich überzeugt, dass du dasselbe Ergebnis erzielen wirst!

Die Wahrheit ist größer als deine Gefühle

Henry Augustus Rowland, Physikprofessor an der Johns-Hopkins-Universität, wurde einmal als Gutachter zu einer Gerichtsverhandlung hinzugerufen. Während des Kreuzverhörs wollte ein Anwalt von ihm wissen: »Welche Qualifikationen haben Sie als Sachverständiger für diesen Fall?«

Der normalerweise eher bescheidene und scheue Professor antwortete im stillen Tonfall: »Ich bin der führende lebende Experte des gegenwärtigen Gesprächsgegenstands.«

Ein Freund, der Rowlands Bescheidenheit sehr gut kannte, bekundete ihm gegenüber später seine Überraschung über die untypische Antwort des Professors. Rowland erwiderte: »Nun, was hätte ich denn sagen sollen? Ich stand unter Eid.«[5]

Henry August Rowland wusste: *Er* war der Experte. Andere Zeugen mochten überzeugend klingen, aber sie kannten nicht wie er die ganze Wahrheit. Ich erzähle diese Geschichte, weil es in Bezug auf dein Leben nur einen »Experten« gibt, nämlichen deinen Vater im Himmel.

Gott hat dich geschaffen. Er kennt dich und er kennt die Pläne, die er für dich hat. Das, was er in der Bibel sagt, ist die einzige Wahrheit, die für dein Leben zählt.

> In der Wahrheit zu leben bedeutet,
> dass du dich selbst und deine Situation
> durch das Prisma der Bibel siehst.

Es kommt nicht darauf an, wie die Umstände aussehen, was andere Menschen sagen oder wie du dich im Moment *fühlst*.

Gott ist der Experte und sein Wort ist die einzige Wahrheit, die zählt.

Menschen orientieren sich oft an ihren Gefühlen. Achte auch mal darauf, wie sie reden: Ständig sind ihre Gefühle das Gesprächsthema. Ich frage mich manchmal, ob wir dem Gott unserer Gefühle mehr dienen als dem Gott der Bibel. Menschen sagen zum Beispiel: »Ich habe nicht das *Gefühl*, dass Gott mich liebt.« Nun, das tut er aber. Oder: »Ich habe nicht das *Gefühl*, dass ich eine große Zukunft habe.« Nun, das hast du aber. Die Bibel sagt klipp und klar, dass Gott uns liebt (siehe Johannes 3,16) und dass er einen guten Plan für uns hat (siehe Jeremia 29,11). Wenn wir den Lügen des Teufels allerdings mehr Glauben schenken als dem Wort Gottes, *fühlen* sich diese Lügen wahr an, und dann leben wir auch entsprechend.

Wer sich bei Entscheidungen auf seine Gefühle verlässt, macht einen großen Fehler, weil sie keine stabile Grundlage darstellen. Anders sieht es aus, wenn wir Gott gehorchen und ihm vertrauen. Unsere Entscheidungen sollten auf etwas basieren, von dem wir wissen, dass es richtig ist. Wir müssen lernen, über den Gefühlen zu stehen und das Richtige zu tun, auch wenn wir uns nicht danach *fühlen*.

Ich gebe zu, dass ich in meinem Leben häufig mit Gefühlsschwankungen zu kämpfen hatte, bis ich schließlich akzeptierte: Ganz gleich was ich denke oder wie ich mich fühle und was ich will oder nicht will, Gottes Wort ist die Wahrheit und ich muss ihm mehr Glauben schenken als allem anderen. Wenn du bereit bist, jetzt diesen inneren Glaubensschritt zu vollziehen, kannst du dich von den meisten deiner schlechten Tage verabschieden! Warum sage ich das? Weil viele schlechte Tage daher rühren, dass wir etwas denken oder fühlen oder wollen, was nicht mit den biblischen Wahrheiten übereinstimmt. Ich hatte zahllose schlechte Tage, weil der Teufel mir Schuldgefühle über etwas einredete, was Gott schon längst vergeben und vergessen hatte.

»Und ich werde ihr Unrecht vergeben und nie wieder an ihre Sünden denken.«

Hebräer 8,12

Jemand fragte mich neulich, wie man diszplinierter leben kann. Die Person wollte sportlich aktiver werden und sich gesünder ernähren, sagte aber, dass es ihr an der nötigen Disziplin mangele. Viele von uns sind mit diesem Problem vertraut. Allerdings habe ich noch nie gesehen, dass mein Mann Dave mit mangelnder Disziplin zu kämpfen hat. Wenn man ihn fragt, warum es ihm nicht schwerfällt, sich zu disziplinieren, sagt er, dass er sich einfach etwas vornimmt und dann nicht davon abweicht. Dave ist kein gefühlsbetonter Mensch. Er lässt sich nicht von seinen Emotionen bestimmen. (Außer wenn er schlecht Golf spielt oder hinter einem schlechten Autofahrer fährt. Tja, wir alle haben scheinbar unsere Grenzen!)

Lange Zeit irritierte es mich, dass er sagte, er würde sich einfach etwas vornehmen und dann nicht davon abweichen. Mehr noch, es machte mich sogar wütend. Ich erinnere mich, wie ich daraufhin zu ihm sagte, dass er eventuell kein Mensch sei! Ich hatte in bestimmten Bereichen derart zu kämpfen, und ich hatte so lange zu kämpfen, bis ich lernte, was Dave bereits wusste: Wenn wir uns etwas vornehmen, was irgendeine Art von Opfer von uns fordert, dürfen wir uns nicht fragen, wie wir uns dabei fühlen oder was wir davon halten.

Ich reise bald im Auftrag unserer Organisation nach Indien. Hin- und Rückflug dauern zusammen 42 Stunden. Welche Gefühle weckt diese Aussicht in mir? Das frage ich mich lieber nicht! Ich habe diese Reise zugesagt. Ich weiß, dass ich gehen soll. Und ich werde dort das Vorrecht haben, einigen äußerst bedürftigen Menschen die gute Nachricht von Jesus Christus zu bringen. Also werde ich mich auf den Weg machen. Meine Gefühle müssen einfach mit an Bord kommen, ob sie nun wollen oder nicht. Für mich erfordert das Disziplin.

Wie sieht's bei dir aus? Wie oft sagst du »Ich habe *Lust*« oder »Ich habe keine *Lust*«? Wie oft lässt du dich von dieser Lust oder mangelnder Lust besiegen? Diktieren deine Gefühle, wie du andere Menschen behandelst? Oder was du über deine Situation sagst? Lässt du dein Leben von deinen Gefühlen beherrschen? Halten deine Gefühle dich von regelmäßiger körperlicher Bewegung oder gesunder Ernährung ab? Drängen deine Gefühle dich dazu, Geld auszugeben, das du eigentlich gar nicht hast?

Sollten deine Gefühle tatsächlich so viel Macht haben, wirst du auf jeden Fall viele schlechte Tage erleben! Doch das kann sich ändern. Du hast Entscheidungsmöglichkeiten und solltest davon Gebrauch machen. Wie kannst du dir selbst helfen? Musst du in einem schlechten Tag festhängen oder kannst du etwas tun, von dem du *weißt*, dass es das Richtige ist, statt das zu tun, worauf du gerade *Lust* hast?

Möglicherweise denkst du jetzt: *Nun, ich kann an meinen Gefühlen aber nichts ändern!* Stimmt. Gefühle kommen und gehen. Aber das sollte nicht als Ausrede dienen, um nicht das Richtige zu tun. Du kannst in der Wahrheit leben, unabhängig von deinen Gefühlen. Dadurch erreichst du eine ganz neue Ebene der Zuversicht!

Es ist schon passiert, dass ich mich vor einer Konferenz unsicher fühlte. Doch ich entschied mich, auf Gottes Hilfe zu vertrauen und meine Zuversicht auf ihn zu setzen. Als ich mich dann auf die Bühne wagte und den Vortrag begann, verschwanden meine Gefühle der Unsicherheit. Es ist auch schon vorgekommen, dass ich auf Dave wütend war und ihm am liebsten die kalte Schulter gezeigt hätte. Doch ich entschied mich, zu beten und Gottes Gnade zu empfangen, um Dave verzeihen oder ihn um Verzeihung bitten zu können. Das befähigte mich, ihn so zu behandeln, wie Gott es sich von mir wünschte.

Dieses Vorgehen steht auch dir offen. Es wird immer Zeiten geben, in denen sich bestimmte Gefühle regen oder andere Gefühle ausbleiben. Der Schlüssel ist, nicht passiv zu sein, sondern sich bewusst für das Richtige zu entscheiden. Stimmst du mit Gott überein und lebst du anhand der Wahrheit seines Wortes? Wie wir alle wirst du hin und wieder versagen. Aber du kannst Fortschritte machen und immer weniger schlechte Tage erleben.

Das bestmögliche Leben

Das bestmögliche Leben ist ein Leben in der Wahrheit, ein Leben, das aus dem verwirrenden Schatten der Halbwahrheiten herausgetreten ist und im Licht der vollständigen Wahrheit stattfindet. Ein solches Leben ist kein reiner Wunsch, der sich nie erfüllt. Nein, es ist das Leben, das Jesus uns versprochen hat! In Johannes 16,13 heißt es:

Doch wenn der Geist der Wahrheit kommt, wird er euch in alle Wahrheit leiten.

Bitte Gott an diesem Tag, am nächsten Tag und am übernächsten Tag, dass er dir hilft, in der Wahrheit zu leben. Begnüge dich nicht mit Halbwahrheiten und rede dich nicht heraus, sondern vertraue auf die ganze Wahrheit des Wortes Gottes, ob dir nun danach zumute ist oder nicht. Solange du dich für die ganze Wahrheit entscheidest, kann kein Teufel und kein Hindernis dich davon abhalten, glücklichere Tage zu erleben als je zuvor!

Nicht vergessen:

• Bruchstückhafte oder verwässerte Wahrheiten können sehr gefährlich sein. Sie können Gefühle der Verurteilung hervorrufen und uns einreden, dass wir minderwertig sind oder Gottes Liebe und Hilfe nicht verdient haben.

127

- Alles wendet sich zum Besseren, wenn wir lernen, in der ganzen Wahrheit hinsichtlich unserer Identität als Kinder Gottes zu leben.
- Ausreden halten uns davon ab, in der Wahrheit zu leben und Freude zu erfahren.
- Dienst du dem Gott deiner eigenen Gefühle mehr als dem Gott der Bibel?
- Gott hat dich geschaffen. Er kennt dich und weiß genau, welche Pläne er für dich hat. Das, was er in der Bibel sagt, stellt die einzig verlässliche Quelle der Wahrheit für dein Leben dar.

PRAKTISCHE TIPPS
... um wahrhaftig zu leben

- Schreibe einige deiner grundlegenden Überzeugungen auf. Sind das Teilwahrheiten, die von deinen eigenen Meinungen und Erfahrungen herrühren, oder sind es vollständige Wahrheiten, die du in der Bibel entdeckt hast?
- Geh deine Ausreden entschieden an. Gib eine »Keine Ausreden mehr!«-Erklärung ab. Nimm dir Zachäus zum Vorbild, der verkündete, wie er in Zukunft leben wollte.
- Finde heraus, welche Gefühle – zum Beispiel Angst, Sorgen oder Unsicherheit – dein Leben zurzeit stark bestimmen. Stelle dich diesen Gefühlen und entscheide dich ab sofort für die Wahrheit der Bibel.

Teil III

Mit alten Mustern brechen

Da wir von so vielen Zeugen umgeben sind, die ein Leben durch den Glauben geführt haben, wollen wir jede Last ablegen, die uns behindert, besonders die Sünde, in die wir uns so leicht verstricken. Wir wollen den Wettlauf bis zum Ende durchhalten, für den wir bestimmt sind.

Hebräer 12,1

KAPITEL 12

Gebiete den Sorgen Einhalt

Trauer schaut zurück, Sorgen schauen sich um,
Glaube schaut nach oben.

Ralph Waldo Emerson

Stell dir vor, du kommst heute nach Hause und siehst, dass dein Haus von Insekten befallen ist. Nicht von kleinen Insekten, sondern von riesigen, ekligen, keimtragenden Viechern. Was würdest du tun? Würdest du mit diesen ekligen Insekten Seite an Seite leben? Würdest du sie durch dein Wohnzimmer krabbeln lassen und darauf hoffen, dass sie irgendwann von alleine verschwinden? Oder würdest du sofort Schritte unternehmen, um diese Viecher loszuwerden?

Wenn ich mit einer derartigen Situation konfrontiert wäre, würde ich mir das nicht bieten lassen. Ich würde ohne Umschweife drastische Maßnahmen ergreifen. Ich würde schreiend aus dem Haus laufen und dann vermutlich jeden Kammerjäger im Umkreis von fünfzig Kilometern anrufen. Dann würde ich Dave dazu bringen, mit mir ins nächstgelegene Hotel zu ziehen, bis das Problem beseitigt wäre. Auf keinen Fall würde ich in einem Haus bleiben, das von Rieseninsekten befallen ist!

Das ist doch bemerkenswert, oder? Wir unternehmen große Anstrengungen, um unser Zuhause von schädlichen, widerlichen Plagen zu befreien, lassen unser Leben aber ohne Weiteres von schädlichen, widerlichen Verhaltensmustern bestimmen. Warum nur?

Ich möchte deine Fantasie mal ein bisschen anregen. Grauen, Furcht, Ängste, Stress und Sorgen sind wie Insekten, die in den Ecken deiner Seele herumkriechen. Genau wie eklige Tierchen sind sie ungesund und unansehnlich. Sie ziehen die Dunkelheit vor.

Statt mit Sorgen und Ängsten zusammenzuleben oder zu hoffen, dass sie irgendwann von alleine verschwinden, sollten wir ohne Umschweife Maßnahmen gegen sie ergreifen.

Wir sollten mit Entschiedenheit sagen: »Ich lasse mein Leben auf keinen Fall von Sorgen bestimmen!«

Das Problem mit den Sorgen

Machst du dir über irgendetwas Sorgen? Dann fühlst du dich deiner Freude und Energie beraubt und kommst nicht in den Genuss des Tages, den Gott für dich vorgesehen hat.

Viele Menschen sind beunruhigt und besorgt. Es gehört zur menschlichen Natur, über die Schwierigkeiten in der Welt und im persönlichen Leben nachzudenken. Doch wenn wir nicht aufpassen, können aus diesen Gedanken Ängste und unangebrachte Sorgen erwachsen.

Ich vergleiche Sorgen oft mit einem Schaukelstuhl – er ist immer in Bewegung, bringt uns aber nirgendwohin. Sorgen stehen im direkten Widerspruch zum Glauben. Sie rauben uns den Frieden, laugen uns körperlich aus und können uns sogar krank machen. Sorgen sind völlig nutzlos, weil sie nie irgendetwas verbessern. Durch das Sorgenmachen quälen wir uns nur selbst. Wir nehmen dem Teufel gewissermaßen die Arbeit ab!

Warum machen wir uns Sorgen, wenn das doch so schädlich ist? Und warum ist das Sorgenmachen so weit verbreitet? Ganz einfach. Der Hauptgrund dafür ist mangelndes Gottvertrauen. Wir vertrauen nicht darauf, dass Gott sich um die verschiedenen Situationen in unserem Leben kümmert. Stattdessen vertrauen wir lieber auf die eigenen Fähigkeiten. Wir meinen, uns besser um unsere Probleme kümmern zu können als Gott. Doch durch all unser Sorgenmachen und unsere Bemühungen, etwas im Alleingang zu bewältigen, ziehen wir nur den Kürzeren. Wir sind nicht in der Lage, geeignete Lösungen zu finden.

Ich war noch sehr jung, als ich am eigenen Leib erfuhr, dass verletzte Menschen andere Menschen verletzen. Also vertraute ich niemandem. Ich versuchte, mich um mich selbst zu kümmern, statt mich auf jemanden zu verlassen, der mich nur wieder verletzen oder enttäuschen würde. Doch mein Leben war mit Sorgen und Ängsten gefüllt. Unsere Erfahrungen in der Welt führen oft dazu, dass wir die Dinge im Alleingang machen wollen. Selbst nachdem wir uns für ein Leben mit Jesus Christus entschieden haben, kann es noch sehr lange dauern, bis wir diese Tendenz überwunden haben. Wann immer wir uns auf uns selbst statt auf Gott verlassen, sind Sorgen die natürliche Folge. Gott vertrauen zu lernen, ist eine echte Herausforderung. Früher oder später müssen wir jedoch lernen, dass es eine zu große Aufgabe für uns ist, uns um alles kümmern zu wollen.

> Wir werden nie sorgenfrei sein,
> bis wir uns wirklich von Gott
> abhängig machen!

Die Sorgen loslassen und an Gott abgeben

Eine meiner Lieblingsbibelstellen steht in 1. Petrus 5,6-7. Da heißt es:

> *Deshalb beugt euch demütig unter die Hand Gottes, dann wird er euch ehren, wenn die Zeit dafür gekommen ist. Überlasst all eure Sorgen Gott, denn er sorgt sich um alles, was euch betrifft!*

Was für wunderbare Verse! Gott lädt uns nicht nur ein, ihm unsere Sorgen zu überlassen; er *weist uns an*, es zu tun! Warum sollten wir also in Anbetracht dieser Tatsache an unseren Sorgen und Problemen festhalten? Der sicherste Weg, um glücklichere Tage zu haben, besteht darin, Gottes Anweisungen zu folgen. Und dazu gehört auch, uns keine Sorgen mehr zu machen. Gemäß 1. Petrus 5,6-7 gibt es zwei Vorgehensweisen, um das zu erreichen: Wir sollen (1) uns demütig unter die Hand Gottes beugen und (2) ihm all unsere Sorgen überlassen.

Viele unserer Kämpfe setzen sich immer weiter fort, weil unser Stolz es nicht erlaubt, dass wir um Hilfe bitten. Oder wir bitten um Hilfe, lassen die Sache aber trotzdem nicht los. Hier sind vier Worte, die du dir unbedingt hinter die Ohren schreiben solltest:

Die Demütigen bekommen Hilfe.

Also, falls deine Strategie nicht funktioniert, probiere doch mal Gottes Strategie aus. Solange wir alles selbst bewerkstelligen wollen, lässt Gott uns machen. Er zwingt uns nicht, seinem Weg zu folgen. Erst wenn wir loslassen und unsere Sorgen und Probleme an ihn abgeben, kümmert er sich um sie. Entweder machen wir es oder Gott macht es, aber nicht beide gleichzeitig.

Das Heilmittel für unsere Sorgen liegt auf der Hand. Wir müssen uns vor Gott demütigen und uns bewusst machen, dass wir einfach nicht in der Lage sind, all unsere Probleme zu lösen. Deshalb sollten wir ihm unsere Sorgen vertrauensvoll überlassen. Statt uns vergeblich darum zu bemühen, alles selbst zu meistern, möchte Gott, dass wir unser Vertrauen auf ihn setzen und in seine Ruhe eintreten. Wenn wir uns ganz seiner Fürsorge anbefehlen, kann er viel Gutes in unserem Leben bewirken. Ich gebe zu: Das Loslassen ist oft beängstigend, weil es eine Weile dauern kann, bis Gott eingreift. Aber er kommt nie zu spät! Wir empfangen die Zusagen Gottes durch Glauben und Geduld.

Eine sorgenfreie Haltung

Ich habe gelernt, dass meine Haltung eng mit einem sorgen-
freien Leben verbunden ist. Es wird immer Situationen geben,
die Sorgen in uns hervorrufen, doch mit Gottes Hilfe können
wir über den Dingen stehen und das Leben trotzdem genießen.
Unsere Sorgen werden durch unsere Herangehensweise an Situationen hervorgerufen und durch die Haltung, die wir ihnen
gegenüber einnehmen. Für mich war es ein Wendepunkt, als
ich begriff, dass sich die Welt vermutlich nie ändern würde,
ich aber lernen konnte, schwierige Situationen anders zu handhaben.

Wir denken viel zu viel über unsere Probleme nach. In Gedanken wälzen wir sie hin und her. Wir versuchen eine Lösung
zu finden. Es ist fast so, als würden wir zu Gott sagen: »Ich
glaube, du brauchst meine Hilfe. Ich bin mir nicht sicher, ob
du mit dieser Situation umgehen kannst.«

> Wir sollten uns vor Augen halten,
> dass Gott unsere Hilfe nicht braucht!

Ihm zu vertrauen bedeutet, dass wir unsere Ängste und Sorgen
loslassen und uns stattdessen für einen kindlichen Glauben entscheiden. Dann erleben wir eine innere Ruhe, die nur der
Glaube schenken kann.

Es ist allerdings ein Prozess, Gott wirklich vertrauen zu lernen. Meistens fangen wir mit kleinen Schritten an. Wir bitten
ihn, dass er uns etwas *gibt*, und wenn er uns damit versorgt,
stärkt das unser Vertrauen, sodass wir für mehr glauben können. Irgendwann ist dann der Punkt erreicht, an dem Gott uns
voranbringen will, sodass wir ihm nicht mehr »für« Dinge glauben, sondern »in« Dingen.

Wenn wir Gott eine Sorge überlassen und uns gegen das
Sorgenmachen entscheiden, zeigt er uns vielleicht etwas, das
wir tun sollen – etwas, worauf wir möglicherweise nie selbst

gekommen wären. Solange wir seiner Führung folgen, lösen sich die Probleme ohne das ganze Elend, das wir durch unsere eigenen Lösungsversuche erzeugt hätten.

Gott handelt nicht immer zu dem von uns gewünschten Zeitpunkt. Also wird unser Glaube durch das Warten trainiert und auf die Probe gestellt! Das alles gehört zu Gottes Plan. Ja, er will uns in unseren Situationen helfen, doch noch mehr möchte er uns helfen, jederzeit Frieden zu erleben, ganz gleich ob wir kleine oder große Probleme haben, ganz gleich ob er schnell eingreift oder wir lange warten müssen. Nichts ist so wunderbar wie Friede, und Friede entsteht dadurch, dass wir uns keine Sorgen machen, sondern Gott vertrauen lernen.

Tschüss Sorgen, hallo Frieden

Ich habe schon so oft mit angesehen, wie Menschen von Sorgen zerfressen wurden und dadurch ihr Leben ruiniert haben. Jahrelang war ich selbst ein Paradebeispiel dafür, wie zerstörerisch Sorgen sein können. Doch mit der Zeit – durch die Beschäftigung mit der Bibel und durch die Gnade Gottes – habe ich gelernt, wie nutzlos Sorgen sind. Ich habe die Freude entdeckt, die mit Gottvertrauen einhergeht. Ich bin nicht perfekt: Es gibt immer noch Tage, an denen sich Sorgen einschleichen, aber ich habe es schon weit gebracht. *Und ich bin fest entschlossen weiterzumachen!*

Ich möchte, dass du ebenfalls an den Punkt kommst, wo du sagen kannst: »Sorgen haben mich nicht mehr im Griff!« Genau wie bei allem anderen, worüber wir bisher in diesem Buch gesprochen haben, wirst du es vermutlich am Ende des Tages noch nicht perfekt meistern. Aber du kannst zumindest vor Ende des Tages damit *beginnen*. Fang heute an, deinen Sorgen Einhalt zu gebieten!

Sobald du versuchst bist, wieder deiner alten Angewohnheit nachzugehen und Sorgen und Ängste zuzulassen, denk an das

Bild, das ich dir am Anfang dieses Kapitels gab. Sorgen und Ängste sind wie Insekten, die in den Ecken deiner Seele herumkriechen wollen. Mach das Licht an, ruf die Kammerjäger und ergreife sofort Maßnahmen gegen diese Plage!

Nicht vergessen:

- Wir unternehmen große Anstrengungen, um unser Zuhause von schädlichen, widerlichen Plagen zu befreien, lassen unser Leben aber von schädlichen, widerlichen Verhaltensmustern bestimmen. Daran müssen wir etwas ändern!
- Sorgen sind ein direkter Widerspruch zum Glauben und rauben uns unseren Frieden, laugen uns körperlich aus und können uns sogar krank machen.
- Gott lädt uns nicht nur ein, ihm unsere Sorgen zu überlassen; er weist uns dazu an!
- Lerne, Gott »in« Dingen zu vertrauen, statt nur »für« etwas zu glauben.
- Es wird immer Situationen geben, die Sorgen in uns hervorrufen, doch mit Gottes Hilfe können wir über den Dingen stehen und das Leben genießen.

PRAKTISCHE TIPPS
... um den Sorgen Einhalt zu gebieten

- Gib dir selbst einen neuen Titel: »der Sorgen-Jäger«. Wann immer du besorgt oder beunruhigt bist, kremple die Ärmel hoch und mach dich daran, die Sorgen auszumerzen.
- Schreibe die Dinge auf, über die du dir Sorgen machst, und dann zerknülle das Papier. Wirf diese Sorgen buchstäblich in den Papierkorb, als ein Symbol dafür, dass du sie Gott überlässt.
- Frage Gott, ob es Bereiche in deinem Leben gibt, in denen du zu stolz gewesen bist, seine Hilfe zu erbitten und dich auf ihn zu stützen. Demütige dich und vertraue darauf, dass er dir die nötige Hilfe und Kraft schenkt, um vorwärtszugehen.

KAPITEL 13

Mach langsamer

Für schnell wirksame Linderung versuch mal langsamer zu machen.

Lily Tomlin

Unser hektischer Lebensstil ist zum großen Teil dafür verantwortlich, dass sowohl unsere Freude als auch unser Friede abnimmt. Viele von uns können ihren Alltag nicht mehr gut bewältigen. Wir sind wie Hamster im Laufrad. Wir laufen zunehmend schneller, erreichen dabei aber nichts außer Erschöpfung. Scheinbar tun wir immer mehr, genießen unser Leben aber immer weniger.

Es wäre vermutlich leichter, das Problem zu lösen, wenn wir die Schuld auf jemand anderen schieben könnten. Etwas, das außerhalb unserer Macht steht. Auf einen fremden Bösewicht. Doch die Wahrheit ist, dass wir häufig selbst schuld sind. *Wir* sind diejenigen, die nicht von unseren Smartphones loskommen. *Wir* sind diejenigen, die mehr wollen. *Wir* sind diejenigen, die Kurznachrichten schreiben, telefonieren und E-Mails verschicken – teilweise alles gleichzeitig. *Wir* sind diejenigen, die von einem Termin zum nächsten rasen. Du und ich – wir tragen die Schuld.

Vielleicht willst du das nicht wahrhaben, aber es stimmt. Erlaube mir, dir mal ein paar Quizfragen zu stellen, um zu sehen, ob du zu schnell und zu »eingestöpselt« lebst.

- Checkst du dein Smartphone gleich *als Erstes* morgens, um Textnachrichten, E-Mails, aktuelle Meldungen oder Social-Media-Benachrichtigungen zu lesen?

- Bist du frustriert, wenn der Autofahrer vor dir langsam fährt, obwohl er eigentlich die erlaubte Höchstgeschwindigkeit einhält?
- Liegst du abends im Bett und denkst an all die Dinge, die du am nächsten Tag erledigen willst, und fühlst dich unter Druck gesetzt?
- Wählst du Restaurants und Cafés danach aus, ob sie WLAN haben?
- Bist du ein ständiger Multitasker?
- Lässt du dein Smartphone oder Handy vor dir auf dem Tisch liegen, während du dich mit jemandem unterhältst?
- Hast du mehr Apps als Freunde?

Falls du den Großteil dieser Fragen mit Ja beantwortet hast, solltest du deinen Lebensstil noch mal überdenken und das Tempo drosseln. Wir werden unseren Tag nicht genießen, wenn wir so sehr in Eile sind, dass wir kaum aufnehmen können, was um uns herum geschieht.

Ich weiß aus persönlicher Erfahrung, wie es ist, ein Leben auf der Überholspur zu führen. Ich bin viel unterwegs und denke meist schon drei Schritte voraus. Durch das Hetzen verliere ich aber oft Zeit, weil ich mich nicht richtig auf das konzentriere, was ich gerade tue. Das führt zu Fehlern. In der Eile passieren mir dumme Sachen, die Zeit und Mühe kosten, um korrigiert zu werden. Neulich goss ich das Wasser für meine Kaffeekanne in den Behälter, wo eigentlich die Kaffeebohnen hineinkommen! Das war eine Sauerei und erforderte Zeit, ehe alles wieder sauber war.

Wenn wir uns die Zeit nehmen, langsamer zu machen, uns auf den gegenwärtigen Moment zu konzentrieren und gelegentlich auch mal auszustöpseln, können wir das Leben viel mehr genießen.

Es gibt nichts daran auszusetzen, aktiv zu sein. Es ist auch nicht schlimm, moderne Technik zu besitzen und zu nutzen, die uns mit Freunden und der Welt verbindet. Doch wie ich in diesem Buch bereits gesagt habe, ist Ausgewogenheit der Schlüssel. Ein Übermaß kann zerstörerisch wirken, und das gilt für alle Bereiche. Deswegen ist es so wichtig, die Entscheidung zu treffen, langsamer zu machen und mal auszustöpseln. Falls dein Tag nicht besonders gut verläuft und du dieses Buch aufgeschlagen hast, um zu sehen, ob dir irgendetwas helfen könnte, und du zufälligerweise auf dieses Kapitel gestoßen bist, dann sagt Gott dir vielleicht, dass du dein Tempo drosseln solltest. Nur vielleicht. Möglicherweise genießt du dein Leben nicht, weil du so sehr hetzt, dass alles an dir vorbeirauscht!

Ich möchte dir fünf wichtige Wege zeigen, wie du langsamer machen und ausstöpseln kannst:

1. Widerstehe der Versuchung, dich zu übernehmen.

Hast du zu viel zu tun? Das ist ohne Frage die Klage Nummer eins, die mir heute zu Ohren kommt. Wenn ich Menschen frage, wie es ihnen geht, ist die gängigste Antwort: »Ich habe viel zu tun!« Der gesunde Menschenverstand sagt uns, dass Gott uns nicht stresst und uns nicht mehr auflastet, als wir in Ruhe und mit Freude bewerkstelligen können. Das heißt, solange wir uns nicht aus eigenen Stücken übernehmen, sollten wir in der Lage sein, alle unsere Aufgaben zu meistern und dabei noch Freude zu haben.

Die Frage ist also: Solltest du häufiger mal Nein sagen? Achtest du darauf, dass dein Mund nicht *Ja* sagt, obwohl dein Herz *Nein* sagt?

> Es kann dich sehr unglücklich machen, andere Menschen glücklich machen zu wollen.

Hier musst du wirklich aufpassen, besonders wenn du ein Mensch bist, der andere nicht gerne enttäuscht. Allen gefallen zu wollen, ist ein sicherer Weg, sich zu überfordern.

Auch solltest du dich nicht mit Dingen belasten, die du zwar tun *möchtest*, die aber gar nicht Teil von Gottes Plan für dich sind. Gott ist nicht verpflichtet, dir die Energie für etwas zu geben, das er dir gar nicht aufgetragen hat. Ich glaube, viele Menschen sind nur deshalb überlastet, weil sie ihren eigenen Weg gehen, statt sich an Gottes Plan zu halten. Bitte Gott um Klarheit, wo du mitmachen und deine Energie hineinstecken sollst. Lerne Ja zu sagen, wenn Gott Ja sagt, und Nein zu sagen, wenn er Nein sagt. Gott wird dir nie so viel auftragen, dass du frustriert bist und deinen Tag nicht mehr genießen kannst.

2. Überprüfe dein Lebenstempo.

Falls du schon mal im Fitnessstudio auf einem Laufband warst, weißt du, dass Laufbänder das Tempo überprüfen und teilweise auch den Puls messen können. Es ist wichtig, ein Auge darauf zu haben, um das Training zu optimieren und dabei gesund zu bleiben.

Das Gleiche gilt für dein Lebenstempo. Indem du darauf achtest, wie schnell du dich durchs Leben bewegst und welche Auswirkungen dein Tempo auf deine körperliche, geistige und seelische Gesundheit hat, kannst du dein Leben optimieren!

An wessen Tempo hältst du dich?
Ist es das Tempo, das Gott vorgibt,
oder ist es das Tempo eines anderen?

Verheizt du dich, weil du versuchst, mit allen anderen Schritt zu halten? Lebst du unter dem Stress des Wettkampfs und der Vergleiche? Bist du ein Perfektionist mit unrealistischen Zielen?

Falls du dich schwer damit tust, dein Tempo zu drosseln, weiß ich genau, wie du dich fühlst. Es ist etwas, womit ich schon lange zu kämpfen habe, und obwohl es sich bereits gebessert hat, bin ich immer noch nicht da, wo ich eigentlich sein sollte. Ich muss mir regelmäßig sagen: »Joyce, mach langsamer!« Kürzlich aß ich etwas – auch das tue ich häufig zu schnell – und kaute ein Stück nicht richtig, bevor ich es herunterschluckte. Es blieb in meiner Speiseröhre stecken und einen Moment lang dachte ich, ich müsse in die Notaufnahme! Das rief ein intensives Gebet in mir hervor, einhergehend mit dem Versprechen, dass ich mich ab sofort ernsthaft bemühen würde, langsamer zu essen. Die Sache jagte mir wirklich Angst ein und ich dachte: *Das ist doch lächerlich!* Es ist einfach eine dumme Angewohnheit. Doch mit Gottes Hilfe kann ich gesunde Gewohnheiten entwickeln, und das kannst du auch.

Ich bitte dich, überprüfe dein Lebenstempo und sei ehrlich. Ich habe eine Freundin, mit der ich viel Zeit verbringe und die immer sehr langsam geht und sich langsam bewegt. Tendenziell nervt mich das und ich denke: *Musst du dich wirklich so langsam bewegen?* Aber möglicherweise hat Gott sie in mein Leben gestellt, um mich immer wieder daran zu erinnern, dass ich mein Tempo drosseln sollte. Vielleicht ist sie auch gar nicht langsam. Vielleicht bin ich nur viel zu schnell.

Du kannst erfolgreich, zufrieden und glücklich sein. Doch das erfordert bestimmte Maßnahmen – möglicherweise einige radikale Maßnahmen. Erlaube dem Geist Gottes, dich von einem zu schnellen Lebenstempo wegzuführen, hin zu einem gesünderen Tempo.

3. Folge der Wegweisung des Heiligen Geistes.

Einige unserer Entscheidungen machen deutlich, dass wir Wegweisung im Leben brauchen, und genau zu diesem Zweck hat Gott seinen Heiligen Geist gesandt, um in uns zu leben.

In Römer 7,6 steht, dass wir Gott nicht durch das Einhalten von Vorschriften, sondern durch den Heiligen Geist dienen sollen. Es ist schon häufiger vorgekommen, dass ich müde war und der Heilige Geist mich aufforderte, doch langsamer zu machen und mich auszuruhen. Statt auf ihn zu hören, verlangte ich mir noch mehr ab, indem ich ausging oder Gäste einlud. Am Ende war ich nicht nur müde, sondern total erschöpft.

Ich erinnere mich an einen bestimmten Tag, an dem ich schon mehrere Stunden lang einkaufen war und plötzlich sehr müde wurde. Ich hatte bis dahin nur ungefähr die Hälfte der Artikel gefunden, die ich kaufen wollte, also machte ich weiter. Die leise Stimme des Geistes in mir sagte, dass ich aufhören und nach Hause gehen sollte. Doch da ich mein Ziel noch nicht erreicht hatte, achtete ich nicht darauf. Obwohl ich die anderen Artikel auf meiner Liste gar nicht sofort brauchte, wollte ich nicht nach Hause gehen, bevor ich mein selbst gestecktes Ziel erreicht hatte. Ich machte bis zur Erschöpfung weiter, aber es wurde immer schwieriger, noch klar zu denken. Ich verlor die Geduld mit anderen Menschen. Als ich dann endlich nach Hause zurückkehrte, war ich total schlecht gelaunt, was sich auf die Atmosphäre innerhalb der Familie auswirkte.

Hätte ich auf die leise Stimme des Geistes gehört und wäre nach Hause gefahren, um langsamer zu machen und mich auszuruhen, hätte ich den Tag genossen, anstatt ihn mir zu verderben. Viele unangenehme Situationen lassen sich vermeiden, wenn wir auf die leise Stimme des Heiligen Geistes hören. Gehorsam bedeutet, Gott über die eigenen Ziele zu stellen. Also frage ich dich: Verfolgst du blind deine Ziele oder hörst du auf Gottes Geist?

4. Schalte deine Geräte jeden Tag einige Minuten lang aus.

Wir leben in äußerst interessanten und spannenden Zeiten. Das Wunder der Technik hat uns mehr denn je mit Freunden, Fa-

milie und dem Rest der Welt verknüpft. Wir können Fotos teilen, Gedanken tweeten und einen Videochat haben, ohne je unsere vier Wände zu verlassen. Doch genau das, was unsere mo-
bilen Geräte so hilfreich macht, stellt gleichzeitig eine Gefahr
dar. Die Tatsache, dass wir rund um die Uhr zu erreichen sind,
bedeutet, dass wir immer »Bereitschaftsdienst« haben. Ständig
werden wir von unserem Smartphone, Tablet oder Laptop vereinnahmt beziehungsweise abgelenkt.

Selbst Jesus zog sich immer wieder von den vielen Anforderungen seines Alltags zurück, um zu beten (siehe Lukas 5,16).
Das heißt, er vermied manchmal absichtlich die Menschenmen-
gen und suchte Abstand von seinen Jüngern. Es war Jesus wichtig, sein Tempo zu drosseln, und sei es nur für wenige Minuten.

> Wäre Jesus heutzutage auf der
> Erde unterwegs, würde er be-
> stimmt ab und zu sein
> Smartphone ausschalten.

Ehrlich gesagt kann ich mir nicht vorstellen, wie Jesus sein Gebet unterbricht, um ein Foto vom Himmel auf seiner Instagram-
Seite zu posten.

Sicher ist bei dir viel los und ich bezweifle nicht, dass deine
elektronischen Geräte hilfreich und wertvoll für dein Leben
sind. Ich will nicht sagen, dass sie schlecht sind oder du solche
Geräte nicht besitzen solltest. Wichtig ist jedoch, dass *du* diese
Geräte im Griff hast, und nicht sie dich. Warum schaltest du sie
nicht einfach jeden Tag für eine gewisse Zeit aus oder lässt sie
irgendwo liegen, wo du sie weder sehen noch hören kannst?
Stöpsel dich mal total aus. Nutze die Zeit, um zu entspannen,
nachzudenken, zu atmen oder Dank zu sagen. Niemand von
uns ist so unentbehrlich, dass wir jeden Augenblick eines jeden
Tages verfügbar sein müssen.

5. *Konzentriere dich auf den gegenwärtigen Augenblick.*

Das richtige Tempo sowie inneren Frieden werden wir nur dann haben, wenn wir uns auf den gegenwärtigen Augenblick konzentrieren. Allzu leicht beschäftigen wir uns damit, bestimmte Fehler der Vergangenheit wiedergutzumachen oder auf die Zukunft hinzuarbeiten. Doch wir erreichen wenig, wenn wir uns nicht auf das Hier und Jetzt konzentrieren. Wir können den heutigen Tag unmöglich genießen, während wir an den morgigen Tag denken. Heute zählt!

Meiner Meinung nach birgt jeder Tag etwas Besonderes, das wir nicht verpassen sollten. Deshalb ist es von großer Bedeutung, dass wir uns jeden Moment des Tages ganz dem widmen, was wir gerade tun.

Die einzelnen Momente zu genießen und in der Gegenwart zu leben, sind unschätzbar wichtige Entscheidungen. Sie erfordern eine Haltung, die sagt: »Ich bin dankbar für diesen Moment, den Gott mir gegeben hat.« Das führt zu Frieden und Zufriedenheit. Allerdings geht das auch mit einem gewissen Bemühen einher, sich zu konzentrieren – eine Fähigkeit, die viele von uns scheinbar verlernt haben. Ich habe gelesen, dass die durchschnittliche Aufmerksamkeitsspanne eines Erwachsenen von zwölf Minuten (vor einem Jahrzehnt) auf fünf Minuten gesunken ist. Außerdem habe ich gelesen, dass – einer Studie von Microsoft zufolge – unsere Aufmerksamkeitsspanne kürzer ist als die eines Goldfischs! Ein Goldfisch kann sich neun Sekunden lang auf eine Sache konzentrieren, während die meisten Erwachsenen es nur acht Sekunden schaffen. Ich weiß nicht genau, wie akkurat diese Statistiken sind, doch eins ist sicher: Wir lassen uns ganz viel entgehen, wenn wir nicht langsamer machen und wieder lernen, uns auf den gegenwärtigen Augenblick zu konzentrieren.

Stelle dein Verhalten auf den Prüfstand

Falls du so bist wie ich – immer beschäftigt und ständig unterwegs –, hast du vielleicht sogar dieses Kapitel zu schnell gelesen, um zu verstehen, was Gott dir dadurch sagen will. Oder du denkst: *Joyce, diese fünf Wege, um langsamer zu machen, klingen zwar gut, aber ich glaube nicht, dass ich langsamer machen kann. Ich habe einfach zu viel zu tun.* Oder vielleicht hast du – so wie ich – in der Vergangenheit schon öfters versucht, dein Tempo zu drosseln, nur hat es nie lange angehalten.

Gehen wir die Sache doch einen Tag nach dem anderen an und bitten den Heiligen Geist, uns zu zeigen, wann wir zu schnell sind. Sobald uns bewusst wird, dass wir hetzen, sollten wir sofort einen Gang zurückschalten. Selbst wenn wir das täglich hundertmal wiederholen müssen, machen wir jedes Mal einen kleinen Fortschritt. Mit der Zeit entwickelt sich daraus eine neue, gesunde Gewohnheit.

Leg doch jetzt eine Lesepause ein und mach einen kleinen Spaziergang durch dein Zuhause (falls du gerade zu Hause bist). Geh langsam genug, um dir all die schönen Sachen anzuschauen, die du besitzt. Darunter befinden sich Geschenke, die du bekommen hast. Für andere Dinge hast du eine Menge Geld ausgegeben. Vielleicht hast du sie schon lange nicht mehr bewusst wahrgenommen. Nimm dir etwas Zeit, Freude an diesen Dingen zu haben!

Nicht vergessen:

- Unser hektischer Lebensstil ist zum großen Teil dafür verantwortlich, dass sowohl unsere Freude als auch unser Friede abnimmt.
- Es gibt nichts daran auszusetzen, aktiv zu sein. Es ist auch nicht schlimm, moderne Technik zu besitzen und zu nutzen, die uns mit Freunden und der Welt verbindet. Ausgewogenheit ist der Schlüssel. Ein Übermaß kann zerstörerisch wirken, und das gilt für alle Bereiche.
- Bitte Gott um Wegweisung, wo du mitmachen und deine Energie hineinstecken sollst.
- Wir können viele ungute Situationen vermeiden, indem wir auf die leise Stimme des Heiligen Geistes hören.
- Schalte doch jeden Tag mehrere Minuten lang deine elektronischen Geräte ab. Stöpsel dich mal total aus. Nutze die Zeit, um zu entspannen, nachzudenken oder zu beten.

PRAKTISCHE TIPPS
... um langsamer zu machen

- Mach eine »Top 10«-Liste. Was sind die zehn Hauptgründe, die jede Woche am meisten Hektik bei dir verursachen? Was kannst du daran ändern? Gibt es kreative Wege, wie du einen Gang zurückschalten und deine innere Ruhe bewahren kannst?
- Nimm dir heute zwanzig Minuten Zeit, um auszustöpseln. Kein Fernsehen, kein Smartphone, kein Tablet oder Computer. Nutze diese Minuten, um dich auszuruhen, zu beten, zu entspannen und in dich zu gehen.
- Geh immer nur einen Tag nach dem anderen an und lerne, das zu genießen, was du gerade tust.

KAPITEL 14

Lehne Negativität ab

Mein lieber Freund, bekomme deinen Kopf frei von
»Ich kann nicht«.

Samuel Johnson

Wir haben viel mehr Entscheidungsmöglichkeiten, als uns bewusst ist. Wir können nicht unbedingt alles festlegen oder beeinflussen, was wir an einem bestimmten Tag erleben – das Wetter, die Aufgaben am Arbeitsplatz, die Stimmung unserer Mitmenschen, was in den Nachrichten gesendet wird –, aber wir können entscheiden, wie wir auf die Ereignisse *reagieren*. Vor Kurzem wurde ich an diese Entscheidungsfreiheit erinnert:

Ich bin heute früh aufgewacht, gespannt, was ich an diesem Tag alles tun kann. Ich muss Verpflichtungen nachkommen. Meine Aufgabe ist es zu entscheiden, was für einen Tag ich haben werde.

Heute kann ich entweder über das regnerische Wetter klagen oder dankbar sein, dass der Rasen umsonst gewässert wird.

Heute kann ich entweder bedauern, dass ich nicht mehr Geld habe, oder ich kann froh sein, dass mich meine Finanzen dazu ermuntern, beim Einkaufen Weisheit walten zu lassen und nicht verschwenderisch zu sein.

Heute kann ich entweder weinen, weil die Rosen Dornen haben, oder ich kann mich freuen, weil die Dornen Rosen haben.

Heute kann ich entweder traurig sein, weil ich nicht

mehr Freunde habe, oder ich kann mich mit Begeisterung daranmachen, neue Beziehungen zu entdecken.

Heute kann ich entweder darüber jammern, dass ich zur Arbeit gehen muss, oder ich kann vor Freude jubeln, weil ich eine Arbeitsstelle habe.

Heute kann ich entweder meckern, weil Hausarbeit zu tun ist, oder ich kann es genießen, dass ich ein Zuhause habe.

Der heutige Tag wartet darauf, von mir gestaltet und geformt zu werden. Ich bin der Bildhauer meines eigenen Tages. Es liegt an mir, was aus dem Tag wird. Ich kann entscheiden, was für einen Tag ich haben werde![6]

Ich liebe diese Sicht aufs Leben! Ja, um uns herum passiert viel Negatives, aber wir müssen uns nicht auf das Negative konzentrieren. Wir können uns entscheiden, das Positive zu sehen! Das ist nicht nur eine »gute Idee«; es ist Gottes Wille für unser Leben. In Philipper 4,8 steht:

Konzentriert euch auf das, was wahr und anständig und gerecht ist. Denkt über das nach, was rein und liebenswert und bewunderungswürdig ist, über Dinge, die Auszeichnung und Lob verdienen.

Diese Adjektive – »wahr«, »anständig«, »rein«, »liebenswert«, »bewunderungswürdig« und so weiter – sind alles positive Dinge. Gott fordert uns auf, uns auf die guten Dinge in unserem Leben zu konzentrieren, nicht auf die schlechten. Um diese Wahrheit kommen wir nicht herum: Unsere Perspektive bestimmt, was für ein Leben wir haben werden!

Als Kind wurde mir eine negative Haltung anerzogen. Ich lebte in einem missbräuchlichen Umfeld, das von negativen Menschen, Alkoholismus, Angst und viel Streit gekennzeichnet war. Folglich entwickelte sich bei mir eine Einstellung, die im Grunde sagte: *Es ist besser, erst gar nichts Gutes zu erwarten, als etwas Gutes zu erwarten und dann enttäuscht zu werden.* Erst als Erwachsene stellte ich fest, was für eine zerstörerische Kraft diese Negativität in meinem Leben war.

> Ich wollte meine Umstände än-
> dern, merkte aber schließlich,
> dass Gott *mich* ändern wollte.

Denn selbst wenn ich etwas Gutes erlebte, machte ich es dadurch kaputt, dass ich mich fragte, wie lange es dauern würde, bevor wieder etwas schiefging.

Ich bin so dankbar, dass ich nicht mehr ständig mit negativen Gedanken leben muss, und ich bin überzeugt: Wenn ich mich ändern kann, dann kann sich jeder ändern!

Negativität saugt dem Leben die Energie aus. Sie zehrt an unseren körperlichen Kräften und raubt uns unsere Freude. Negative Menschen werden keinen guten Tag haben! Das ist schlichtweg unmöglich.

Entscheide dich für Hoffnung

Jeder von uns ist täglich mit negativen Dingen und Menschen konfrontiert, aber wir können uns trotzdem gegen eine negative Lebenseinstellung wehren. Mit Gottes Hilfe und indem wir uns ein bisschen Zeit dafür nehmen, können wir all das Gute entdecken, das ebenfalls um uns herum geschieht. Es ist möglich, ein hoffnungsvolles Leben zu führen.

Hoffnung ist mehr als nur Wunschdenken. Hoffnung ist eine positive, zuversichtliche Erwartungshaltung. Sie erwartet Gutes und glaubt, dass sich am Ende eine Lösung finden wird, ganz gleich wie die Situation momentan aussieht. Je mehr wir uns für Hoffnung entscheiden, desto besser wird unser Leben. Samuel Smiles, ein angesehener schottischer Autor aus dem 19. Jahrhundert, sagte einmal: »Die Hoffnung ist wie die Sonne; wenn wir uns ihr zuwenden, fällt der Schatten unserer Bürde hinter uns.«[7] Er hatte hundertprozentig recht. Hoffnung vertreibt die Dunkelheit und gibt uns die Kraft, etwas Besseres zu glauben. Du musst nicht darauf warten, dass jemand dir Hoffnung gibt, sondern du kannst jetzt schon genügend Hoffnung haben. Allerdings musst du deine Denkweise ändern!

Einer meiner Lieblingsgedanken zum Thema Hoffnung kommt aus Sacharja 9,12 (SLT). Dort steht: *Kehrt wieder zur Festung zurück, ihr, die ihr auf Hoffnung gefangen liegt! Schon heute verkündige ich, dass ich dir zweifachen Ersatz geben will!*

Gefangene der Hoffnung zu sein – das gefällt mir. Denk einmal darüber nach. Wer von Hoffnung gefangen ist, der ist von Hoffnung umgeben. So jemand hat gar keine andere Wahl. Hoffnung ist seine Lebenswelt. Auch in schwierigen Zeiten oder inmitten einer Enttäuschung erklärt ein Gefangener der Hoffnung: »Gott, ich danke dir und glaube, dass du sowohl an dieser Situation als auch an mir arbeitest. Ich bin ein Gefangener der Hoffnung! Mein Glaube, mein Vertrauen und meine Hoffnung sind auf dich gerichtet!«

Ich bin überzeugt davon, dass Gott jedem von uns helfen kann, so zuversichtlich zu werden, wie er selbst ist! Stell dir vor, wie wunderbar das sein wird. Wusstest du, dass Gott noch nie einen schlechten Gedanken über dich gehabt hat – keinen einzigen? Was wäre, wenn wir das von unseren Gedanken über uns selbst oder über andere Menschen sagen könnten? Inzwischen finde ich es sehr anstrengend, von Negativität umgeben zu sein. Doch früher war ich selbst so negativ, dass ich mich gleich dagegen sträubte, wenn ich zufälligerweise mal zwei positive Gedanken hintereinander hatte. Es erstaunt mich immer wieder, wie sehr Gott uns verändern kann. Das ist eines der größten Wunder, die wir je erleben können! In der Bibel steht, dass Gott uns zu neuen Menschen macht und uns seinen Geist gibt (siehe 2. Korinther 5,17; 1. Korinther 2,12). Warum also tun wir uns so schwer damit, wirklich zu glauben, dass wir uns ganz neue Verhaltens- und Denkmuster aneignen können?

Entscheide dich jedes Mal fürs Positive

Nur weil dir negative Gedanken in den Sinn kommen, musst du ihnen noch lange nicht nachhängen. Du hast die Wahl: *Will ich hier sitzen und mich mit diesem negativen Gedanken beschäftigen oder will ich mich lieber etwas Positivem zuwenden?* Das gilt für jeden Lebensbereich. Deine Gedanken, deine Worte, dein Verhalten, deine Einstellung, deine Beziehungen – du kannst dich *entscheiden*, ein positiver Mensch zu sein. Hier sind drei Schritte, die du unternehmen kannst, um dich gegen das Negative und für das Positive zu entscheiden:

1. Erkenne deine Gedankenhürden.

Hast du schon einmal daran gezweifelt, dass dir etwas Gutes widerfahren wird? Vielleicht hast du sogar Dinge gesagt wie: »Ich bekomme nie eine Chance«, oder: »Ich bin immer die Brautjungfer, nie die Braut.« Derartige Gedanken sind Hürden im Kopf. Sie zu erkennen, ist der erste Schritt, um sie aus dem Weg räumen und Freiheit erlangen zu können. Als Christen müssen wir lernen, um unsere Gedankenwelt zu kämpfen. In 2. Korinther 10,5 lesen wir:

> Mit diesen Waffen zerschlagen wir all die hochtrabenden Argumente, die die Menschen davon abhalten, Gott zu erkennen. Mit diesen Waffen bezwingen wir ihre widerstrebenden Gedanken und lehren sie, Christus zu gehorchen.

Unsere Denkweise kommt nicht automatisch in Übereinstimmung mit Gottes Plänen; manchmal müssen wir negative Gedanken korrigieren. Doch wir können uns entscheiden, allen negativen Gedanken beizubringen, »Christus zu gehorchen«.

Wir können uns entscheiden, allen
negativen Gedanken beizubringen,
»Christus zu gehorchen«.

Wir brauchen Gottes Hilfe, um Negativität in unserem Leben zu erkennen. Manchmal ist sie schon so lange Teil von uns, dass wir gar nicht merken, was wir uns damit antun. Wir mögen denken: *Ja, natürlich bin ich negativ eingestellt! Alles auf der Welt ist negativ! Wie soll ich denn bitte schön angesichts von Gewalt, Krieg, Kriminalität und Unehrlichkeit in meinem Umfeld positiv sein?* Das ist genau der Punkt! Die Negativität ist überall um uns herum, aber sie muss nicht »in« uns sein – es sei denn, wir lassen es zu.

2. Lerne positiv zu sein.

Nachdem du dir deiner negativen Erwartungshaltung und der Hürden in deinem Denken bewusst geworden bist, besteht der nächste Schritt darin, in allen möglichen Situationen eine positive Einstellung einzuüben. Kopf hoch, eine gute innere Haltung haben, lachen, andere ermutigen, hoffnungsvoll sein – das alles sind Mittel, um eine positive Einstellung einzuüben. Ich habe einmal ein Schild gesehen, auf dem stand: »Es gibt 86.400 Sekunden am Tag. Hast du eine davon genutzt, um zu lächeln?«

Auch in schweren Phasen kannst du dir eine positive Perspektive bewahren. Selbst die positivsten Menschen haben mit enttäuschenden Situationen zu tun. Der Unterschied ist, dass sie gelernt haben, Gott zu vertrauen und das Leben zu genießen – komme, was da wolle. Wir können uns entweder fürs Sorgenmachen oder Gottvertrauen entscheiden, und meine Erfahrung hat mich gelehrt, dass Sorgen nichts ändern. Deswegen vertraue ich lieber Gott. Wenn du eine fröhliche Grundhaltung haben willst, ist es wichtig, als Erstes Gott zu vertrauen. Er arbeitet an deinen Problemen, also genieße doch deinen Tag!

3. *Sprich Gottes Zusagen aus.*

Ein positives Leben kommt nicht nur durch positive, gottgefällige Gedanken zustande. Es ist genauso wichtig, positive, glaubensvolle Worte auszusprechen. In nahezu allen Situationen, durch die Gott mich geführt hat, habe ich dem Wort Gottes geglaubt und es im Glauben ausgesprochen. Deswegen möchte ich dich ermutigen, nicht nur bewusst richtige Gedanken zu fassen, sondern noch einen Schritt weiter zu gehen und sie auszusprechen. Das kann dein ganz persönliches Glaubensbekenntnis sein.

- Bist du dir vielleicht nicht sicher, welche Entscheidung du treffen sollst? Dann sprich aus: »Ich weiß, dass Gott mir die nötige Weisheit schenkt!« (Siehe Jakobus 1,5.)
- Häufen sich die Rechnungen und es wird knapp auf deinem Bankkonto? Dann sprich aus: »Ich vertraue Gott. Er wird mich mit allem versorgen, was ich brauche!« (Siehe Philipper 4,19.)
- Beklagen sich deine Arbeitskollegen über ihren Job? Dann kannst du sagen: »Also, ich bin froh, eine Arbeitsstelle zu haben. Sie ist zwar nicht perfekt, aber ich bin dankbar dafür!« (Siehe 1. Thessalonicher 5,18.)
- Fühlst du dich müde und schlapp, dann sag zu einem Freund: »Heute Abend will ich mir etwas zusätzliche Ruhe gönnen, und morgen fühle ich mich hoffentlich schon wieder besser!« (Siehe Matthäus 6,34; 11,28-29.)

Mit negativen Worten um sich zu schmeißen, ist nicht schwer – deswegen tun es so viele. Doch das ist auch der Grund, warum sie unglücklich sind. Ich möchte dich auffordern, einer der wenigen Menschen zu sein, der Gottes Zusagen ausspricht, statt den ganzen Tag auf Problemen herumzureiten.

Es ist diese Entscheidung, positive, glaubensvolle Worte auszusprechen, die deinen Tag belebt und deinem Glauben Auftrieb gibt. Du wirst dann mit der Überzeugung leben, dass Gott Besseres für dich bereithält.

Entscheide dich für den Veränderungsprozess

Wir haben in diesem Buch bereits viele Themen angesprochen, die eine Entscheidung von uns fordern. Das ist auch hier wichtig. Uns fällt es aber oft nicht leicht, eine positive Einstellung zu entwickeln. Sie stellt sich nicht von heute auf morgen ein. Im Gegenteil, sie muss eingeübt werden. Das ist ein Prozess. Es wird herausfordernde Tage geben. Aber bleib dran. Wende dich immer wieder von der Negativität ab und genieße den heutigen Tag auf dem Weg zum Ziel!

Was den persönlichen Veränderungsprozess angeht, muss ich häufig an Petrus denken. Gott hatte im Leben von Petrus gut zu tun. Petrus wurde von einem ungehobelten, aggressiven, fehlerbehafteten Fischer in einen Prediger verwandelt, der zu einem der Pfeiler der christlichen Urgemeinde wurde. Auf dem Weg dorthin unterliefen ihm viele Patzer. Er wollte fälschlicherweise Kinder von Jesus fernhalten (siehe Matthäus 19,14), er wandte seine Augen von Jesus ab und begann zu versinken (siehe Matthäus 14,30), er wollte gewalttätig werden (siehe Johannes 18,10) und er leugnete, Jesus überhaupt zu kennen (siehe Lukas 22). Doch durch jeden dieser Fehler lernte er etwas. Petrus gab nicht auf. Er ließ sich von Gott verändern. Das geschah nicht innerhalb eines Tages, eines Monates oder selbst eines Jahres. Es war ein längerer Prozess.

Wenn ein Kleinkind zu laufen beginnt, fällt es viele, viele Male hin, bevor es auf sicheren Beinen steht.

> Hin und wieder zu versagen (was auf jeden
> Fall passieren wird), heißt nicht, dass du ein
> Versager bist; es heißt nur, dass du lernst.

Du machst eben nicht immer alles richtig. Na und? Das macht keiner.

Falls du bislang eher negativ eingestellt warst, beginnt der Weg zur Freiheit damit, diese Negativität nicht mehr zu rechtfertigen. Sag Ja zum Veränderungsprozess und lerne jeden Tag etwas Neues darüber, wie du zuversichtlich sein kannst. Je mehr sich deine Lebensperspektive vom Negativen zum Positiven verändert, werden sich auch deine Worte, dein Verhalten und deine Einstellung verändern – und damit dein ganzes Leben! Das ist definitiv ein Weg, wie dein Tag glücklicher werden kann!

Nicht vergessen:

- Wir können nicht unbedingt alles festlegen oder beeinflussen, was wir an einem bestimmten Tag erleben, aber wir können entscheiden, wie wir auf die Ereignisse *reagieren*.
- Hoffnung ist eine positive, zuversichtliche Erwartungshaltung. Sie erwartet, dass etwas Gutes passieren und sich eine Lösung finden wird, ganz gleich wie die Situation momentan aussieht.
- Im Hinblick auf deine Gedanken und Worte, dein Verhalten, deine Einstellung und deine Beziehungen kannst du entscheiden, ein positiver Mensch zu sein.
- Ein positives Leben kommt nicht nur durch positive, gottgefällige Gedanken zustande. Es ist genauso wichtig, positive, glaubensvolle Worte auszusprechen.

PRAKTISCHE TIPPS
... um Negativität abzulehnen

- Denke daran, was du alles nicht in dein Zuhause lässt: schmutzige Schuhe, Fliegen und Mücken, aufdringliche Verkäufer und so weiter. Nun füge »Negativität« dieser Liste hinzu. Sage deiner Familie: »Negativität ist in diesem Haus nicht mehr erlaubt.«
- Statt all die Dinge zu fürchten, die schiefgehen könnten, mach doch lieber eine Liste der Dinge, die heute gelingen könnten.
- Veränderung ist ein Prozess, aber manchmal kommt Entmutigung auf, wenn wir daran denken, welche Wegstrecke noch vor uns liegt. Um dich zu ermutigen, überlege einmal, wie weit du schon gekommen sind. Wie sah es in deinem Leben vor zehn Jahren, fünf Jahren, einem halben Jahr aus? Überlege, wie weit Gott dich schon gebracht hat!

KAPITEL 15

Habe Geduld mit dir selbst

Habe Geduld mit allem, doch vor allem mit dir selbst.
Hl. Franz von Sales

Ich möchte dir von »Hanna« erzählen. Vielleicht kommt dir ihre Geschichte ja bekannt vor. Hanna ist eine liebende Ehefrau, eine hingebungsvolle Mutter von zwei Teenagern, eine Vollzeitkassiererin im örtlichen Supermarkt und eine treue Mitarbeiterin in ihrer Kirche. Wie so oft hatte Hanna einen hektischen Morgen. Schauen wir mal, was da los war …

»Los, nun beeilt euch! Sonst kommt ihr noch zu spät!«, rief Hanna die Treppe hinauf. Während sie mit einer Hand Eierschalenstücke aus dem Eigelb fischte und Kaffee mit der anderen eingoss, murmelte sie im Flüsterton: »Und *ich* komme sonst auch zu spät.«

Es war ein weiterer typischer Morgen im Haus der Webers. Hanna war mal wieder spät dran. Frustriert und verärgert über sich selbst, dachte sie: *Warum habe ich bloß so oft auf die Schlummertaste gedrückt? Ich wollte heute doch früher aufstehen! Eigentlich wollte ich Zeit mit Gott verbrin-«*

»Mama, der Toaster brennt!« Hanna drehte sich um und sah, wie Charlotte, ihre 16-jährige Tochter, alarmiert in die Küche gestürmt kam. Hanna ließ ihren Kaffee fallen und stürzte in die Speisekammer, wo sie verzweifelt nach dem Feuerlöscher suchte. Als sie ihn endlich fand und wieder in die Küche gerannt kam, hatte Charlotte zusammen mit ihrem Bruder Paul bereits das kleine Feuer gelöscht und lachte lauthals über das verbrannte Stück Kohle, das ihr Morgentoast sein sollte. Offensichtlich fanden die beiden das wahnsinnig komisch.

Hanna fehlte die Kraft, um in die Heiterkeit mit einzustimmen. Sie war völlig entnervt. »Steigt einfach ins Auto. Ihr müsst euch in der Schule etwas zu essen holen!« Sie setzten sich ins Auto und waren schon auf halbem Weg zur Schule, da fasste Hanna sich ungläubig an den Kopf.

»Was ist los, Mama?«, fragte Paul.

»Ich habe einige Papiere vergessen, die ich heute mit zur Arbeit bringen sollte. Oh, das kann ja wohl nicht wahr sein!«

»Ist doch nicht so schlimm, Mama«, ermutigte Charlotte sie.

»Wir hatten eben einen verrückten Morgen. Erkläre deinem Chef einfach, dass du damit beschäftigt warst, das Haus abzufackeln.«

Wieder flachsten Paul und Charlotte herum und lachten. Doch Hanna fand das alles andere als lustig. Sie fühlte sich verkrampft und angespannt. Sie hatte an diesem Morgen nichts richtig gemacht … keine einzige Sache. Und sie konnte nur an ihr Versagen denken.

Als die Kinder aus dem Auto stiegen, sagte Hanna mit schwacher Stimme und geistesabwesend: »Viel Spaß«, doch ihre Gedanken waren woanders. *Wie konnte ich diesen Morgen nur so in den Sand setzen? Warum kann ich keine bessere Mutter sein? Die Kinder kommen zu spät, ich komme zu spät. Ich bin eine totale Versagerin.* Tränen rollten ihr über die Wangen. *Wieder ein schlechter Tag. Wieder ein Tag, den ich vermasselt habe.*

Hannas Geschichte ist uns nur allzu vertraut. Die Einzelheiten sind bei jedem anders, aber wir kennen Hannas Frust. Sie tut ihr Bestes, ist aber niedergeschmettert, wenn sie einen Fehler macht oder etwas nicht richtig hinbekommt. Normalerweise hat sie Geduld mit ihren Mitmenschen – nur mit sich selbst nicht.

Geduld mit sich zu haben, ist ein wichtiger Bestandteil für einen glücklichen Tag. In 2. Petrus 3,9 steht, dass Gott »Geduld mit uns hat«. Das ist gut zu wissen, und wir sollten Folgendes daraus schließen:

> Da Gott Geduld mit uns hat, können
> wir seinem Beispiel folgen und
> ebenfalls Geduld mit uns haben.

Das, was Gott in deinem Leben tun will, braucht Zeit. Sei es, dass er dich Vergebung lehrt, Bitterkeit ausrodet, deine Freude erneuert, deine Einstellung ändert oder dir einen gesunden Lebensstil beibringt. Wenn du bei diesem Prozess ungeduldig mit ihm oder mit dir selbst wirst, gibst du im Prinzip auf, bevor du das Ziel erreicht und den Lohn empfangen hast. Statt dich von deinen Fehlern oder dem langen Weg frustrieren und entmutigen zu lassen, kannst du auftanken. Freue dich darüber, dass Gott so viel Geduld mit dir hat. Das gibt dir die Freiheit, auch mit dir selbst Geduld zu haben!

Wie und warum du geduldiger mit dir sein kannst

Es ist nahezu unmöglich, das Leben zu genießen, wenn man keine Geduld mit sich selbst hat. Menschen, die nicht gelernt haben zu akzeptieren, dass sie unvollkommen sind und dass Gottes Handeln in ihrem Leben ein Prozess ist, tun sich häufig auch schwer damit, andere zu akzeptieren. Die Bibel zeigt uns unmissverständlich, dass wir freundlich, geduldig, liebevoll und vergebungsbereit sein sollen. Sie ruft uns auf, soweit es an uns liegt, mit allen Menschen in Frieden zu leben.

Mir fiel es jahrelang schwer, mit anderen gut auszukommen, bis ich durch die Beschäftigung mit der Bibel erkannte, dass meine Schwierigkeiten mit anderen Menschen auf meine Schwierigkeiten mit mir selbst zurückzuführen waren. In der Bibel steht, dass ein guter Baum gute Frucht bringt, ein schlechter Baum hingegen schlechte (siehe Lukas 6,43). Ähnlich erwachsen die Früchte in unserem Leben den Wurzeln in unserem Innern. Da ich Wurzeln der Scham, Minderwertigkeit, Ablehnung, Liebesmangel und dergleichen in mir trug, wirkte sich das negativ auf meine Beziehungen aus. Je mehr ich mir jedoch Gottes bedingungsloser Liebe bewusst wurde und mich selbst annahm, desto mehr konnten neue Wurzeln wachsen und gute Frucht erzeugen. Auch meine Beziehungen blühten auf.

Dasselbe gilt für dein Leben. Mach dir die Mühe und lerne die Person zu lieben, die Gott geschaffen hat, als er dich schuf. Akzeptiere, dass Gott immer noch in deinem Herzen am Wirken ist. Übe Geduld in diesem Veränderungsprozess. Dann werden sich deine zwischenmenschlichen Beziehungen ebenfalls gut entwickeln.

Je besser dein Selbstwertgefühl ist, umso mehr
Wert kannst du auch anderen beimessen.

Hier sind einige Tipps, die dir meiner Meinung nach helfen werden, mehr Geduld mit dir zu haben:

Mach keine herabsetzenden Bemerkungen über dich selbst, indem du Dinge sagst wie: »Ich verändere mich nie«, »Ich bin hässlich«, »Ich sehe schrecklich aus«, »Ich bin dumm« oder: »Wer könnte mich je lieben?« In Matthäus 12,37 sagt Jesus: *»Was ihr heute sagt, entscheidet über euer Schicksal; entweder werdet ihr gerettet oder gerichtet.«* In Sprüche 23,7 steht, dass ein Mensch so ist, wie er in seinem Herzen denkt. Mit anderen Worten, unser Reden und Denken über uns selbst bestimmen unser Selbstbild.

Vergleiche dich nicht mit anderen. Gott muss Vielfalt lieben, sonst hätte er uns nicht so unterschiedlich gemacht – bis hin zu unseren Fingerabdrücken. Du wirst nie geduldig mit dir selbst werden, solange du versuchst, wie jemand anders zu sein. Andere können dir zwar ein Vorbild sein, doch der Versuch, eine Situation haargenau so zu handhaben wie sie, wird zu Frust führen. Du weißt nicht, was Gott im Leben anderer Menschen hinter den Kulissen tut. Du weißt nicht, was sie durchmachen, wenn sie keiner sieht. Statt dich mit anderen zu vergleichen, bitte Gott lieber um Hilfe, der einzigartige Mensch zu sein, den Gott geschaffen hat.

Konzentriere dich auf dein Potenzial statt auf deinen Begrenzungen. Der Schauspielerin Helen Hayes wurde angeblich früh in ihrer Karriere gesagt, dass sie die größte Schauspielerin ihrer Zeit sein könnte, wenn sie zehn Zentimeter größer wäre. Ihre Trainer sollen sogar verschiedene Methoden ausprobiert haben, um sie zu strecken. Doch nichts machte sie größer. Statt sich von ihrer mangelnden Größe aus dem Konzept bringen zu lassen, beschloss die berühmte Schauspielerin jedoch, sich lieber auf ihr Potenzial zu konzentrieren. Das Resultat: Schließlich bekam sie sogar die Rolle der Maria Stuart, eine der hochgewachsensten Königinnen, die je gelebt haben.

Gott ist in der Lage, auch mit unseren Begrenzungen zu arbeiten. In vielen Fällen kann er sie sogar zu seiner Ehre einsetzen. Lass dich nicht von dem vereinnahmen, was du nicht kannst. Vertraue Gott und erlaube ihm, seinen Plan auszuarbeiten, denn mit Gott ist nichts unmöglich (siehe Lukas 1,37).

Finde etwas, wobei du Erfolg hast, und tu es immer wieder. Geduld und Zuversicht hängen eng miteinander zusammen. David war sehr zuversichtlich, während er auf seinen Kampf mit dem Riesen Goliat wartete. Warum? Weil er sich an die Kämpfe erinnerte, die er schon gewonnen hatte. Er hatte einen Löwen und einen Bären getötet. Seine Erfolge der Vergangenheit gaben ihm die nötige Zuversicht.

Wenn du den Großteil deiner Zeit mit Tätigkeiten verbringst, die du nicht gut kannst, erzeugt das Frust. Du fühlst dich dann unterlegen und erfolglos. Sobald du ungeduldig mit dir selbst wirst, weil du dich mit einer Sache abmühst, die dir nicht liegt, tu lieber etwas, das du gut kannst. Das ist eine ganz praktische Möglichkeit, um dein Selbstbewusstsein zu stärken und die Gefühle der Unsicherheit zu beruhigen. Wenn ich meinen Tag mit Schreiben verbringe, fühle ich mich am Ende glücklich, erfüllt und zufrieden, weil ich das kann. Wäre mein Tag hingegen mit Gartenarbeit ausgefüllt, würde ich mir wie eine Versagerin vorkommen und unglücklich sein. Kannst du dir denken, woran das liegt? Gartenarbeit ist nicht mein Ding!

Akzeptiere deine Einzigartigkeit und lerne mit Kritik umzugehen. Grundlegend wichtig für die Geduld mit sich selbst ist die Ausrichtung auf Gott, nicht auf Menschen (siehe Galater 1,10). Wer wagt, anders zu sein, muss mit Kritik rechnen. Mit dem Strom zu schwimmen – obwohl man im Herzen weiß, dass Gott eine andere Richtung vorgesehen hat –, macht unglücklich. Wer in erster Linie Menschen gefallen will, versucht sich ständig selbst zu ändern, um es ihnen recht zu machen. Du wirst dein Leben nicht wirklich genießen können, wenn du gegen deine eigenen Überzeugungen handelst. Richte dich lieber nach dem, was Gott dir ans Herz gelegt hat, und ignoriere die Kritik anderer.

Betrachte deine Fehler nüchtern. Selbstbewusste Menschen haben genauso viele Schwächen wie unsichere Menschen, aber sie konzentrieren sich auf ihre Stärken, nicht auf ihre Fehler oder Schwächen. Nur weil du einen schlechten Tag hast, einen Fehler machst oder dein heutiges Ziel nicht erreichst, lass dich davon nicht unterkriegen. Betrachte das alles ganz nüchtern. Statt auf das zu schauen, was du heute nicht geschafft hast, richte deine Aufmerksamkeit auf das, was du geschafft hast. Achte darauf, wie weit du mit Gottes Hilfe schon gekommen bist. Das gibt dir die richtige Perspektive und mehr Geduld, um weiterkommen zu können.

Ein Gebet um Geduld

Ich weiß, es ist nicht leicht, geduldig darauf zu warten, dass Gott dich ans Ziel bringt. Es ist dir hoch anzurechnen, dass du dich bessern und verändern *willst*. Hanna wollte eine vorbildliche Angestellte und eine noch vorbildlichere Mutter sein. Es ist gut, dass sie sich bemühte und nicht zu spät kommen wollte. Doch sobald ihr Fehler unterliefen, verschlimmerte sie das Problem durch ihre Selbstkritik und mangelnde Geduld.

Mach nicht den gleichen Fehler wie Hanna. Sei nachsichtig mit dir, wenn dir Fehler unterlaufen oder du bei etwas versagst. Die einzige Alternative wäre, dich selbst aufzugeben und den Rest deines Lebens mit jemandem zu verbringen, den du nicht magst, und zwar mit dir selbst! Elbert Hubbard sagte: »Wie viele Menschen haben die Hände über dem Kopf zusammengeschlagen, kurz bevor ein bisschen mehr Mühe, ein bisschen mehr Geduld ihnen Erfolg gebracht hätte?«[8]

Gib nicht auf. Du kommst jeden Tag ein bisschen voran, auch wenn es sich nicht so anfühlt. Vertraue darauf, dass Gott dein Herz kennt und deine Bemühungen belohnen wird. Entspanne dich und habe mehr Geduld mit dir selbst, dann wirst du jeden Tag glücklicher sein.

Ich möchte dieses Kapitel mit einem Gebet beenden, das du beten kannst, wenn du mehr Geduld brauchst:

Vater, ich danke dir, dass du mich herrlich und wunderbar gemacht hast. Du hast mich geschaffen und du hast einen guten Plan für mein Leben. Vergib mir meine Fehler, meine Schuld, mein Versagen, und hilf mir, dass ich mir selbst vergeben kann. Dein Wirken in meinem Leben führt zu einer tiefen, langfristigen und gesunden Veränderung. Jeder Tag, jede neue Erfahrung soll Teil dieser Veränderung sein. Ich möchte täglich dazulernen und dir immer näher kommen. Danke, dass du mir dazu die nötige Kraft gibst. Amen.

Nicht vergessen:

- Das, was Gott in deinem Leben erreichen will, braucht Zeit. Sei es, dass er dich Vergebung lehrt, Bitterkeit ausrodet, deine Freude erneuert, deine Einstellung ändert oder dir einen gesunden Lebensstil beibringt.
- Deine zwischenmenschlichen Beziehungen können sich verbessern, indem du den Menschen lieben lernst, den Gott geschaffen hat, als er dich schuf, und indem du akzeptierst, dass er in deinem Herzen immer noch am Wirken ist.
- Unser Reden und Denken über uns selbst bestimmt unser Selbstbild.
- Du kannst unmöglich Geduld mit dir selbst haben, solange du versuchst, wie jemand anders zu sein.

PRAKTISCHE TIPPS
... um mehr Geduld mit dir zu haben

- Bastle dir drei »Du kommst aus dem Gefängnis frei«-Karten. Gib dir eine dieser Karten, wenn du in Zukunft etwas in den Sand setzt. Du musst nicht in einem Gefängnis der Schuldgefühle leben.
- Das nächste Mal, wenn du ungeduldig mit dir selbst wirst, halte inne und zähle bis 20. Erlaube Gott, in diesen 20 Sekunden zu dir zu sprechen und dich daran zu erinnern, Geduld mit dir selbst zu haben.
- Schreibe deine Absichten – nicht dein Verhalten – für dein Leben und den Umgang mit deinen Mitmenschen auf. Diese Liste beschreibt deine Herzensmotive. Gott sieht dein Herz, obwohl dein Verhalten nicht perfekt ist. Bitte ihn darum, dass sich dein Verhalten immer mehr deinen Absichten anpasst.

KAPITEL 16

Empfange Gnade und gib sie weiter

*Ich bin nicht, was ich sein sollte; ich bin nicht, was
ich zu sein wünsche; ich bin nicht, was ich zu sein
hoffe; doch durch die Gnade Gottes bin ich nicht, was
ich einmal war.*

John Newton

Im Neuen Testament beginnen mehrere Briefe von Paulus mit dem Gruß: »Ich wünsche euch Gnade und Frieden von Gott.« Heute begrüßen wir uns nicht mehr auf derartige Weise, aber in diesen Worten steckt so viel, was wir begreifen sollten.

Wir alle wünschen uns Frieden, doch wir können keinen Frieden haben, solange wir die Gnade nicht verstehen. Ich versuchte jahrelang, Frieden zu erlangen – ohne Erfolg. Der Grund war, dass ich die Gnade nur mit meiner Errettung in Verbindung brachte!

*Weil Gott so gnädig ist, hat er euch durch den Glauben gerettet.
Und das ist nicht euer eigenes Verdienst; es ist ein Geschenk
Gottes.*

Epheser 2,8

Weil Gott so gnädig ist, waren mir meine Sünden vergeben worden. Das wusste ich. Doch ich wusste nicht, dass ich dieselbe Gnade für meinen Alltag brauchte. Sich für Jesus Christus zu entscheiden und Errettung zu empfangen, ist das eine. Etwas anderes ist es, dann auch für ihn zu leben. Mir schien es früher, als würde das Christsein eine Menge Mühe und Arbeit erfordern. Doch sosehr ich mich auch anstrengte, ich versagte immer

wieder. Ich war jeden Tag frustriert, weil ich zwar das tun wollte, wozu die Bibel mich aufforderte, ich es aber irgendwie nicht
hinbekam.

Das kann einem wirklich den Tag verderben! Ich hatte viele
schlechte Tage. Doch dann fiel endlich der Groschen: Durch die
Beschäftigung mit der Bibel erkannte ich, dass ich genauso für
Jesus leben konnte, wie ich ihn empfangen hatte (siehe Kolosser
2,6). Ich war nicht nur durch Gnade gerettet, sondern konnte
auch durch Gnade leben. Ohne ein Leben aus Gnade würde ich
keinen Frieden haben, und ohne Frieden würde ich keine
Freude erleben!

Eine bekannte Definition von Gnade ist »Gottes unverdiente
Gunst«. Sie ist die Kraft und Befähigung, die wir brauchen, um
das zu tun, wozu Gott uns auffordert.

Gott würde uns nie etwas auftragen, ohne uns
auch die nötige Fähigkeit dafür zu geben.

Erst rettet seine Gnade uns und dann trägt sie uns erfolgreich
durch unser Leben mit ihm. Gnade steht uns immer zur Verfügung, kann aber nur durch den Glauben empfangen werden.
Anders gesagt, wir müssen Gott darum bitten und darauf vertrauen, dass er sie uns als Geschenk gibt.

Mein Leben änderte sich vollständig, als ich entdeckte, dass
Gottes Gnade mich verändern konnte. Ich musste ihm nur vertrauen. Dasselbe gilt für dich. Wir dürfen die gleiche Erfahrung
machen wie John Newton, beschrieben im Eingangszitat dieses
Kapitels. Wir sind nicht das, was wir sein wollen. Wir sind nicht
so, wie wir es uns wünschen. Wir sind noch nicht die Menschen, die wir uns erhoffen eines Tages zu sein. Doch durch
die Gnade Gottes sind wir auch nicht mehr das, was wir einmal
waren. Die Gnade Gottes ist der Grund, dass wir Jesus Christus
täglich ähnlicher werden.

Unsere Aufgabe ist es, Gott um Gnade zu bitten, geduldig zu
sein, uns mit der Bibel zu befassen und an die Kraft zu glauben,

die in Gottes Werk steckt! Ich will damit nicht sagen, dass es überhaupt keine Mühe von uns erfordert, diszipliniert zu sein und unser Verhalten zu verbessern. Aber diese Mühe muss eine von Gott beflügelte Mühe sein, keine rein menschliche. Es muss eine Mühe sein, die in Zusammenarbeit mit dem Heiligen Geist geschieht, nicht eine Mühe, die wir im Alleingang an den Tag legen, ohne Gottes Hilfe zu erbitten.

Unsere täglichen Kämpfe

Du kannst morgens aufstehen und hoffen, dass die Dinge so laufen werden wie geplant, nur um dann festzustellen, dass das nicht der Realität entspricht. Du bist vielleicht gerade erst eine halbe Stunde lang wach, da bekommst du die Nachricht, dass auf deinem normalen Arbeitsweg ein Unfall passiert ist, was einen kilometerlangen Stau zur Folge hat. Du denkst: *Das wird ein schlechter Tag.* Doch das muss nicht so sein, wenn du weißt, wie du Gottes Gnade anzapfen kannst. Bitte Gott, dir zu helfen und dir die Gnade zu schenken, mit der Situation richtig umzugehen. Wenn du die Ruhe bewahrst, wächst auch bald eine innere Gewissheit, wie du das Dilemma lösen kannst. Vielleicht fällt dir eine andere Route ein oder du kannst bei der Arbeit anrufen und die Situation erklären – und im Stillen beten, dass dein Arbeitgeber verständnisvoll reagiert. Meist gibt es viele andere Möglichkeiten, als einen »schlechten Tag« zu haben.

Gnade kann dir helfen, ein Kind mit Behinderungen oder sonderpädagogischen Bedürfnissen großzuziehen. Gnade hilft dir, eine schwierige Ehe nicht aufzugeben. Gnade hilft dir, anderen weiter Gutes zu tun, selbst wenn sie es scheinbar nicht wertschätzen. Gnade hilft dir, deinen Studienabschluss zu schaffen, obwohl dir das Lernen schwerfällt. Und Gnade hilft dir, die Ruhe zu bewahren, wenn es einen Stau gibt und du nicht pünktlich zur Arbeit kommen kannst. Gnade ist verwunderlich, und dabei ganz praktisch. Sie kommt vom Himmel, zeigt sich aber hier auf der Erde mitten in unserem Alltag!

Es gibt kein Bedürfnis, dem die Gnade Gottes nicht begegnen kann. Sie ist das, was wir brauchen, um Frieden zu haben und das Leben zu genießen!

Gnade überwindet unsere Berge. Der Prophet Sacharja sprach zu den Juden, die sich besorgt fragten, wie sie den Tempel fertig bauen sollten. Er forderte sie auf zu rufen: *Gnade! Gnade mit ihm!* (Sacharja 4,7; SLT). Ein Berg menschlicher Hindernisse stand im Weg, doch die Gnade beseitigte sie alle. Auch dein Berg wird von der Gnade Gottes aus dem Weg geräumt werden. Du musst dich nur auf diese Gnade verlassen statt auf deine eigene Fähigkeit.

Gnade ruft Dankbarkeit hervor

Wenn wir uns wirklich bewusst sind, dass Gott uns beständig »unverdiente Gunst« schenkt, wie können wir dann anders reagieren als mit Dankbarkeit? Gott möchte, dass wir dankbar sind. Das werden wir allerdings nicht sein, solange wir glauben, wir hätten uns Gottes Hilfe durch unsere eigene Leistung verdient. Dankbarkeit entsteht, wenn wir wissen, dass wir Gottes Geschenke nicht verdient haben und er sie uns einfach gibt, weil er gut ist! Vergiss nie: Gnade ist unverdiente Gunst und Kraft, die uns in dem Maße zur Verfügung steht, wie wir sie gerade brauchen. Nach Jakobus 4,6 gibt Gott uns immer mehr Kraft, um unsere schlechten Neigungen zu überwinden.

Es fühlt sich gut an, dankbar zu sein, statt sich Sorgen zu machen und von Angst überwältigt zu werden. Ein dankbares Herz ist ein glückliches Herz.

Gnade führt uns in Gottes Ruhe hinein

Der Verfasser des Hebräerbriefs lehrt uns, dass wir durch den Glauben zur Ruhe Gottes gelangen (siehe Hebräer 4,3.10). Die Ruhe Gottes ist keine Ruhe *von* der Arbeit, sondern eine Ruhe *während* der Arbeit. Gottes Ruhe findet man nicht dadurch, dass man ein Nickerchen macht, sondern innerlich zur Ruhe kommt, ganz gleich was äußerlich gerade geschieht. Wir können alle unsere Verpflichtungen erfüllen, gleichzeitig aber in Gottes Gnade ruhen. Seine Ruhe ist ein übernatürlicher Ort, der nur von denen verstanden wird, die ihn gefunden haben.

Deine Umstände sagen, dass du dir Sorgen machen und ängstlich sein solltest. Sie wollen dich dazu bringen, hektisch nach Lösungen zu suchen. Doch stattdessen kannst du die Ruhe bewahren und das Leben genießen! »Wie kannst du in deiner Situation so ruhig bleiben?«, mögen andere dich fragen. Das gibt dir die Gelegenheit, ihnen von der Gnade Gottes zu erzählen. Wer die Ruhe Gottes entdeckt, der lebt länger! Ruhe bringt seelische Erfrischung mit sich, die sehr gesundheitsfördernd ist. Menschen können ihrem Körper einen Urlaub gönnen, ohne dass die Seele Urlaub macht. Man kann den ganzen Tag in der Sonne am Strand liegen und sich gleichzeitig Sorgen machen. Das ist keine wahre Ruhe! Andersherum kann man den ganzen Tag arbeiten und gleichzeitig mit Frieden, Freude und Dankbarkeit erfüllt sein. So jemand ist am Ende des Tages ausgeruhter als derjenige, der den ganzen Tag am Strand lag! Innere Ruhe ist ein lebenswichtiges Bedürfnis, das viele Menschen viel zu selten erleben. Sie stellt sich nur dann ein, wenn man bei allen Aktivitäten die Gnade Gottes anzapft.

Hier sind drei Warnsignale, die uns darauf hinweisen, dass die Gnade fehlt:

- **Frust.** Er zeigt uns, dass wir aus eigener Kraft handeln. Wir versuchen sozusagen, Gottes Aufgabe zu erledigen, mit unserer eigenen Energie und ohne ihn. Also, wenn du frustriert bist, halte inne und bitte Gott sofort um Gnade – und gegebenenfalls um noch mehr Gnade. Empfange sie im Glauben und lass dir deine Last von Gott erleichtern.

- **Erschöpfung.** Wenn wir uns ausgelaugt fühlen oder unsere Sorgen uns buchstäblich Kopfschmerzen bereiten, müssen wir unbedingt eine Pause einlegen und Gott um Gnade bitten. Gnade bringt uns Frieden, nicht Sorgen und Erschöpfung.
- **Entmutigung.** Wir brauchen eine Dosis von Gottes Gnade, damit wir nicht aufgeben. Seine Kraft befähigt uns, auch dann noch weiterzumachen, wenn sich nichts zu ändern scheint.

Das sind nur drei Symptome für mangelnde Gnade. Es gibt noch viele andere. Im Grunde ist alles, was uns unglücklich macht, ein Zeichen dafür, dass wir mehr Gnade in unserem Alltag brauchen. Selbst Neid gehört dazu. Wir benötigen Gottes Gnade, um diesen allzu menschlichen Zug zu überwinden. Ich würde sogar so weit gehen zu sagen, dass Gnade die Lösung für jedes Problem ist – denn Gnade ist Gott in Aktion!

Gnade macht uns gütig

Gnade ist stark mit Güte verbunden. Gottes Gnade drückt sich darin aus, dass er gut zu uns ist. Das Erleben seiner Güte weckt in uns den Wunsch, auch anderen gegenüber gütig zu sein. Menschen gut zu behandeln, die uns verletzt oder enttäuscht haben, ist ein Weg, um Gott für seine Gnade zu danken.

Wie können wir es rechtfertigen, den unvollkommenen Menschen in unserem Leben unsere Liebe zu verweigern, wenn Gott uns trotz unserer Unvollkommenheit immer weiterliebt? Ich halte das nicht für möglich.

Früher fiel es mir sehr schwer, Menschen zu lieben, die ich nicht liebenswert fand. Doch als ich aufhörte, es aus eigener Kraft zu versuchen, und mir stattdessen stärker der Liebe Gottes für mich bewusst wurde, floss die Liebe frei aus mir heraus.

Jetzt musste ich nicht mehr das bisschen Liebe, das ich hatte, mit Gewalt aus mir herausquetschen. Ich möchte dich ermutigen, dich mit der Liebe und Gnade zu beschäftigen, die Gott für dich hat. Ich verspreche dir, das wird dich verändern. Es wird vielleicht etwas dauern, aber irgendwann kommt der Tag, an dem du die Person, die du früher einmal warst, kaum wiedererkennst. Du weißt schon, die Person, mit der du so viele *schlechte Tage* verbracht hast. Wir selbst sind unser ständiger Begleiter, und solange unser Leben nicht von Gnade geprägt ist, ist der Umgang mit uns schwierig!

Je gütiger du mit Menschen umgehst, desto glücklicher wirst du. Sei nachsichtig mit anderen. Lass Gnade walten, und wenn nötig, noch mehr Gnade! Lass Gnade durch dein Leben fließen. Gnade ist ein Geschenk, das du annehmen und weitergeben darfst! Empfange mehr Gnade und gib mehr davon weiter! Das ist einer der besten Wege, wie du kirchenferne Menschen mit Jesus vertraut machen kannst: indem du ihnen Gnade und Nachsicht schenkst, obwohl sie eigentlich eine Strafe verdient hätten. Ist das schwer? Nicht, wenn du dich daran erinnerst, dass Gott dir jeden Tag deines Lebens Gnade gewährt!

Nicht vergessen:

- Wir alle wünschen uns innere Ruhe, werden sie aber nicht erleben, solange wir Gottes Gnade nicht verstehen.
- Gnade steht uns immer zur Verfügung, kann aber nur durch den Glauben empfangen werden. Anders gesagt, wir müssen Gott darum bitten und darauf vertrauen, dass er sie uns als Geschenk gibt.
- Gnade ist verwunderlich und dabei ganz praktisch. Sie kommt vom Himmel, zeigt sich aber hier auf der Erde mitten in unserem Alltag!
- Innere Ruhe bringt seelische Erfrischung, die sehr gesundheitsfördernd ist.

PRAKTISCHE TIPPS
... um Gnade zu empfangen und weiterzugeben

- Wann immer du frustriert bist, halte inne und bitte Gott um Gnade, statt aus eigener Kraft weiterzumachen.
- Schreibe die Dinge auf, die dich in letzter Zeit frustriert haben. Dann geh die Liste durch und überlege dir, wie Gottes Gnade jeden dieser Punkte ändern kann, damit du in der Lage bist, deinen Tag zu genießen.
- Gerade in den Momenten, in denen du heute besonders viel zu tun hast, halte dir vor Augen, dass du innerlich Gottes Ruhe erleben kannst, unabhängig davon, wie beschäftigt du äußerlich bist. Gönne deiner Seele einen Urlaub – selbst während dein Körper bei der Arbeit ist!

Teil IV

Bevor es zu spät ist

Du kannst dich ohne Angst schlafen legen und dein Schlaf wird erholsam sein.

Sprüche 3,24

KAPITEL 17

Beende deine Projekte

Gut gemacht ist besser als gut gesagt.

Benjamin Franklin

Der Moment war gekommen. Die Stunde der Wahrheit. Was würden sie tun? Welche Entscheidung würde er treffen? Seit Wochen waren sie verspottet und verhöhnt worden. Doch jetzt … jetzt wurde es gefährlich. Ihr Leben wurde bedroht. Nun ging es ans Eingemachte. Was würde ihr Leiter, Nehemia, entscheiden? Diese Mauer – die Mauer um Jerusalem – war wichtig, aber lohnte es sich, für sie zu kämpfen? Für sie zu sterben? Vielleicht sollten sie lieber ihre Siebensachen packen und wieder nach Hause gehen. Welchen Befehl würde Nehemia geben?

Ich frage mich, wie sich die Juden fühlten, als sie auf Nehemias Entscheidung warteten. Waren sie nervös? Ängstlich? Oder waren sie fest entschlossen und kampfbereit? Eigentlich handelte es sich hier um Männer, Frauen und Kinder – keine Krieger. Das waren Bauarbeiterfamilien. Sie waren mit Nehemia zurückgekehrt, um die zerstörte Stadtmauer von Jerusalem wiederaufzubauen.

Doch bei der Arbeit stießen Nehemia und sein Bautrupp auf Widerstand. Die Feinde Judas auf allen Seiten waren wütend, dass die Mauer wieder errichtet wurde, und sie verhöhnten die Juden, die daran arbeiteten (siehe Nehemia 3,33-35). Der Spott erzielte allerdings keine Wirkung. Nehemia wies seine Arbeiter an weiterzubauen. Da wurde es gefährlich. In Nehemia 4,5 lesen wir:

Unterdessen sagten sich unsere Feinde: »Bevor sie überhaupt wissen, was geschieht, werden wir mitten unter ihnen sein, sie töten und ihrem Werk ein Ende machen.«

Dies ist der besagte Moment. Wird Nehemia aufgeben? Werden er und seine Arbeiter das Projekt unvollendet lassen? Wird ihnen der Widerstand derart viel Angst einjagen, dass sie das Projekt aufgeben, das Gott ihnen ans Herz gelegt hat?

Lassen wir Nehemia die Geschichte in seinen eigenen Worten erzählen. In Nehemia 4,9-12 schreibt er:

*Als unsere Feinde hörten, dass wir ihren Plan kannten und dass Gott ihn vereitelt hatte, **kehrten wir an die Mauer zurück, jeder an seine Arbeit.** Doch von diesem Tag an arbeitete nur noch die Hälfte meiner Männer an der Mauer, während die andere Hälfte, mit Speeren, Schilden, Bögen und Kettenpanzern bewaffnet, Wache stand. Die führenden Männer standen hinter dem Volk von Juda, das die Mauer wieder aufbaute. Die Lastenträger setzten ihre Arbeit fort, **eine Hand am Werkzeug, die andere an der Waffe.** Jeder, der baute, trug ein Schwert an seiner Seite. Und der Mann mit dem Signalhorn stand neben mir.*

Statt aufzugeben und nach Hause zu gehen, entschieden sich Nehemia und seine Arbeiter, das Projekt zu beenden. So entschlossen waren sie, Jerusalems Stadtmauer wiederaufzubauen, dass sie eine Hand am Werkzeug und die andere an der Waffe hatten. Was für ein eindrucksvolles Bild für Entschlossenheit! Sie ließen sich von Spott, Einschüchterung und Gefahr nicht aufhalten. Diese Männer und Frauen Gottes waren fest entschlossen, das zu Ende zu bringen, was sie angefangen hatten!

Durchhalten

Hast du schon einmal etwas angefangen und nicht beendet oder erreicht? Ein Projekt, ein Ziel, einen Traum? Falls ja, keine Sorge; du bist nicht allein. Ich denke, wir alle kennen den Frust und die Enttäuschung eines unerfüllten Plans. Der Anfang ist oft der leichteste Teil. Aber ich möchte dich ermutigen: Mit Gottes Hilfe kannst du alles, was du anfängst, auch beenden. Ganz gleich wer sich dir entgegenstellt oder welche Hürden auftauchen, solange du so entschlossen bist wie Nehemia, wirst du die Sache durchziehen und dadurch Gott Ehre machen.

Wie kann dir das an einem schlechten Tag helfen? Nun, es ist möglich, dass du deshalb einen schlechten Tag hast, weil du an unfertige Projekte erinnert wirst und an unerreichte Ziele denkst. Das kann sehr entmutigend sein. Doch es gibt eine Lösung. Triff die Entscheidung, ein »Vollender« zu sein! Du kannst jemand sein, der nicht nur A, sondern auch B sagt, unabhängig davon, was dir in die Quere kommt.

Wenn uns die Leidenschaft für ein bestimmtes Ziel packt, sollten wir Gott dieses Ziel vorlegen und es dann – sofern er es gutheißt – von ganzem Herzen verfolgen.

- Ist deine Leidenschaft das Singen? Dann lass dich nicht von einem einzigen erfolglosen Vorsingen aufhalten. Lerne weiter, übe weiter und verfolge deinen Traum. *Beende das, was du angefangen hast!*
- Ist dein Wunsch ein Studienabschluss? Dann lass dich nicht von finanziellen Hürden aufhalten. Arbeite fleißig, spare und belege – wenn nötig – die Kurse über einen längeren Zeitraum. *Beende das, was du angefangen hast!*
- Hast du jemandem versprochen, ihm bei einem Projekt zu helfen? Dann mach keinen Rückzieher, sobald es schwierig wird. Halte dein Wort und ziehe das Projekt durch. *Beende das, was du angefangen hast!*
- Hast du dir vorgenommen, jeden Tag etwas Zeit mit Gott zu verbringen? Dann geißle dich nicht gleich, wenn du einen

Tag ausgelassen hast oder beim Beten eingeschlafen bist. Versuche es morgen wieder. *Beende das, was du angefangen hast!*

Ganz gleich woran du gerade arbeitest oder wovon du träumst, dein Leben wird so viel besser, wenn du die Sache auf jeden Fall durchziehst.

Meine Leidenschaft ist es zum Beispiel, den Menschen die Wahrheiten der Bibel nahezubringen. Dieser Wunsch stammt von Gott. Hätte ich etwas anderes getan oder das Handtuch geworfen, als Schwierigkeiten auftraten, hätte ich mich vermutlich für den Rest meines Lebens frustriert und unerfüllt gefühlt. Das passiert, wenn wir eine Leidenschaft für etwas haben, dann aber nicht darauf eingehen. Bist du deprimiert oder aufgebracht und erlebst einen schlechten Tag, weil du etwas aufgegeben hast, das du eigentlich hättest tun sollen? Vielleicht bist du versucht zu denken, dass es zu spät ist, noch mal von vorne anzufangen. Doch die gute Nachricht ist, dass es mit Gott nie zu spät ist. Ich möchte dir erklären, was ich damit meine.

Mach da weiter, wo du aufgehört hast

Vor Jahren kam eine Frau zu einer unserer Konferenzen, wo sie andere Frauen kennenlernte, die davon erzählten, wie sie ihre Missbrauchserfahrungen überwunden hatten. Das hinterließ einen tiefen Eindruck bei ihr, weil sie immer noch sehr mit dem erlebten Missbrauch in ihrer Vergangenheit zu kämpfen hatte. Am Ende der Konferenz berichtete sie von der wichtigen Lektion, die sie gelernt hatte.

»Die anderen Frauen an meinem Tisch waren von ihren Problemen befreit worden«, sagte sie, »aber ich plagte mich immer noch mit meinen herum – und jetzt weiß ich auch, warum. Gott hatte mir viele der gleichen Dinge gesagt wie den anderen Frauen. Der einzige Unterschied war, dass sie Gottes Rat befolgt hatten … und ich nicht.«

Ich möchte dir eine Frage stellen: Hat Gott dir schon mal einen Auftrag oder einen Rat erteilt, den du nicht ganz befolgt hast? Ich ja. Das ist kein sonderlich gutes Gefühl. Doch wenn wir uns in solch einer Situation wiederfinden, gibt es eine Lösung: Wir können da weitermachen, wo wir aufgehört haben. Wir können das anpacken, was Gott uns aufgetragen hat.

> Wir können immer noch zu Ende
> bringen, was wir angefangen haben.

Die Wahrheit ist, dass wir nie die volle Freude und Freiheit erleben werden, die uns durch Jesus Christus zur Verfügung steht, wenn wir unsere gottgegebenen Aufgaben nicht erfüllen. Das kann etwas Großes sein, wie dein eigenes Unternehmen zu gründen, oder etwas Kleines, wie dein Zuhause zu organisieren und in Ordnung zu bringen. Wenn du es auf dem Herzen hast, wirst du nicht völlig zufrieden sein, bis du es anpackst!

Vielleicht gibt es eine Person in deinem Leben, der du vergeben musst. Oder du willst dich besser ernähren oder verantwortungsvoller mit deiner Zeit, deinen Talenten und Ressourcen umgehen. Oder vielleicht hast du dich in einem bestimmten Lebensbereich mit zu wenig begnügt und Gott möchte, dass du seinem Plan folgst und etwas Größeres erreichst. Was immer es im Einzelnen ist, schau nicht wehleidig zurück und wünsche dir, dass du Gottes Stimme gefolgt wärst. Nein, mach da weiter, wo du aufgehört hast. Es ist nicht zu spät, das Angefangene zu Ende zu bringen. Mit Gottes Hilfe kannst du alles schaffen, wozu er dich auffordert. Entscheide dich voranzugehen und das zu tun, was nötig ist, um die Sache gut zu beenden.

Anfangen kann jeder

Vor vielen Jahren stieß ich auf einen Bibelvers, der mich zum Weinen brachte. In Johannes 17,4 (SLT) sagt Jesus:

Ich habe dich verherrlicht auf Erden; ich habe das Werk vollendet, das du mir gegeben hast, damit ich es tun soll.

Seit ich diesen Vers gelesen habe, ist es mir sehr wichtig geworden, nicht nur an dem zu arbeiten, was Gott mir aufgetragen hat, sondern es auch zu »vollenden«. Es gibt viele Menschen, die einen ersten Schritt wagen. Sie rufen eine christliche Organisation ins Leben, sie gründen ein Unternehmen, sie beginnen eine Diät, sie werden Mitglieder in einer Kirche, sie fangen ein Leben mit Jesus an. Doch es gibt nicht nahezu so viele Menschen, die es auch zu Ende bringen.

Der Anfang ist ein wichtiger Schritt. Wenn Gott dir etwas ans Herz gelegt hat, dann möchte ich dich sehr ermutigen, zur richtigen Zeit damit anzufangen. Aber es spielt keine Rolle, wie viele Dinge du beginnst, solange du sie nicht durchziehst.

Es spielt keine Rolle, wie viele Dinge du
beginnst, solange du sie nicht durchziehst.

Deshalb führen so viele Menschen ein unglückliches, frustriertes, entmutigtes Leben: Sie haben nicht zu Ende gebracht, was Gott ihnen aufgetragen hat. Der Apostel Paulus sagte, er wolle seinen »Lauf mit Freuden vollenden« (siehe Apostelgeschichte 20,24; SLT). Er verstand, dass großer Friede, große Freude und großes Glück darin liegen, die gottgegebenen Aufgaben zu Ende zu bringen!

Ich bin fest entschlossen, alle meine Aufgaben zu beenden! Dieselbe Einstellung empfehle ich dir auch. Ich möchte, dass du jeden Tag deines Lebens genießen kannst und das erreichst, was Gott dir aufgetragen hat. Von den kleinsten Tagesprojekten bis hin zu den größten Lebenszielen – ich bitte dich inständig, ein Mensch zu werden, der die anstehenden Aufgaben beendet.

Es gibt viel zu tun. Wir haben einen Beitrag zu leisten – einen großen Beitrag. Gott übernimmt nicht einfach alles. Er hat seinen Teil getan und uns durch Jesus Christus alles zur Verfügung gestellt, was wir brauchen. Nun liegt es an uns, ob wir weiter lernen, wachsen und den Geist Gottes an uns arbeiten lassen. Halte einmal inne und denke darüber nach, was Gott dir aufgetragen hat. Dann frage dich: »Was tue ich heute, um mit Erfolg ans Ziel zu kommen und das zu beenden, was Gott mir vor die Füße gelegt hat?«

Der Lohn der getanen Arbeit

Nehemias Geschichte hatte einen glücklichen Ausgang. Seine Feinde griffen nie an – ihre Drohungen waren nur leere Worte. Die Mauer konnte fertig gebaut werden und die Pracht Jerusalems wurde wiederhergestellt. Bei der Vollendung der Mauer forderte Nehemia das Volk auf:

> *»Geht und feiert ein Fest mit köstlichem Essen und süßen Getränken und teilt eure Speisen mit denen, die nichts vorbereitet haben. Denn dies ist ein heiliger Tag für unseren Herrn. Seid nicht traurig, **denn die Freude am Herrn ist eure Zuflucht!**«*
> Nehemia 8,10

Weil Nehemia und seine Arbeiter treu waren und die Aufgabe beendeten, die Gott ihnen anvertraut hatte, erlebten sie die Freude einer getanen Arbeit! Diese Freude kannst du auch erleben. Sei es eine lästige Routinearbeit, eine überfällige Erledigung, ein noch zu erfüllendes Versprechen oder ein großer Lebenstraum, es bringt immer Freude, sagen zu können: »Ich hab's geschafft!« Und falls du durch Zeiten gehst, in denen du nicht weißt, ob du es schaffen wirst, da die Hürden zu hoch und die Widerstände zu bedrohlich erscheinen – gib nicht auf. Bau weiter an der Mauer. Es ist eine Entscheidung, die du nicht bereuen wirst!

Nicht vergessen:

- Lass dich von Spott, Einschüchterung oder anderen Hürden nicht aufhalten. Sei fest entschlossen, das zu Ende zu bringen, womit du angefangen hast.
- Wenn dich die Leidenschaft für ein bestimmtes Ziel packt, lege Gott dieses Ziel vor und dann – sofern er es gutheißt – verfolge es von ganzem Herzen.
- Es gibt viele Menschen, die einen ersten Schritt wagen und mit etwas *anfangen*, aber es gibt nicht nahezu so viele Menschen, die es auch zu Ende führen.
- Denke darüber nach, was Gott dir aufgetragen hat, und frage dich: »Was tue ich heute, um das zu beenden, was Gott mir vor die Füße gelegt hat?«

——— PRAKTISCHE TIPPS ———
... um deine Projekte zu beenden

- Finde eine Bastelarbeit, ein häusliches Projekt oder eine andere Aufgabe, die du unvollendet gelassen hast. Mach die Sache heute fertig!
- Überlege dir, was du in der Vergangenheit nicht beendet hast. Suche nach dem Grund dafür. Gibt es vielleicht einen roten Faden? Bitte Gott, dir die Kraft zu geben, Angefangenes auch zu Ende zu führen.
- Multitasking kann gut sein, aber arbeite nicht an mehreren Projekten gleichzeitig, ohne auch nur ein einziges fertigzustellen. Ziehe das nächste Projekt, das du anfängst, bis zum Ende durch.

KAPITEL 18

Vergib und vergiss

Vergebung ist die höchste Form der Liebe.
Reinhold Niebuhr

Einem anderen Menschen zu vergeben, ist etwas, womit sich viele schwertun. Falls du schon mal sehr verletzt oder tief enttäuscht worden bist, weißt du, was ich meine. Ich möchte dir von Erik Fitzgerald erzählen. Ich denke, seine Geschichte kann uns als Vorbild dienen.

Am 2. Oktober 2006 änderte sich Erik Fitzgeralds Leben für immer. Das war der Tag, an dem ihm mitgeteilt wurde, dass seine Frau June durch einen schrecklichen Autounfall ums Leben gekommen war.

In den frühen Morgenstunden fuhr June zusammen mit ihrer 19 Monate alten Tochter Faith auf einer Schnellstraße im US-Bundesstaat Georgia, als ein Notfallmediziner namens Matt Swatzell mit ihrem Auto zusammenstieß. Matt Swatzell fuhr gerade nach einer 24-Stunden-Schicht nach Hause und war am Lenkrad eingeschlafen. Die kleine Faith Fitzgerald überlebte den Unfall, doch June und ihr ungeborenes Kind taten es nicht.

Erik Fitzgerald betrauerte den Verlust seiner Frau und des ungeborenen Kindes. Doch statt wütend, feindselig und verbittert gegenüber dem Mann zu werden, durch den sie ihr Leben verloren hatten, entschied er sich für einen anderen Weg. Er vergab ihm. Ja, er vergab Matt Swatzell nicht nur, sondern baute sogar eine Freundschaft zu ihm auf. Die beiden fingen an, zusammen zur Kirche zu gehen, und trafen sich manchmal zum Essen. Obwohl Erik sehr unter der Situation litt, wusste er, dass auch Matt darunter litt und von starken Schuldgefühlen geplagt wurde. Also tat Erik etwas, das die meisten Menschen nicht tun. Er vergab. Als er von Reportern gefragt wurde, wie er so vergebungsbereit sein konnte, erwiderte Erik Fitzgerald: »Man vergibt, wie einem selbst vergeben worden ist. Es ist gar keine Frage. Wenn einem vergeben worden ist, bietet man auch anderen Vergebung an.«[9]

Was für ein eindrucksvolles Beispiel für Vergebung! Erik traf den Nagel auf den Kopf: Wir vergeben nicht, weil es leicht ist oder uns danach zumute ist. Wir vergeben, weil Gott uns zuerst vergeben hat. Der Apostel Paulus drückt es in Epheser 4,32 so aus:

Seid stattdessen freundlich und mitfühlend zueinander und vergebt euch gegenseitig, wie auch Gott euch durch Christus vergeben hat.

Obwohl wir Gottes Vergebung empfangen haben und in unserem Herzen wissen, dass wir der Person, die uns verletzt oder enttäuscht hat, vergeben sollten, kann es uns trotzdem schwerfallen. Möchtest du jeden Tag glücklich sein? Möchtest du dein Leben wirklich genießen? Dann musst du unbedingt den Menschen vergeben, die dich verletzt oder enttäuscht haben.

Dieses Kapitel heißt nicht ohne Grund »Vergib und vergiss«. Du solltest weder die Einzelheiten der verletzenden Erlebnisse immer wieder in Gedanken durchspielen noch es jemandem heimzahlen wollen. Mit Gottes Hilfe kannst du die Bitterkeit und die Wut loslassen und von dem Drang befreit werden, die Person bestrafen zu wollen, die dich verletzt hat. In dem Moment, in dem du vergibst und die Sache ganz Gott überlässt, wirst du frei und kannst den Rest deines Lebens genießen. Gott ist unser Verteidiger und macht sich für Gerechtigkeit stark, auch in unserem Leben – doch erst, wenn wir losgelassen und für den Schuldigen gebetet haben.

Vergebung nützt dir selbst

Viele Menschen ruinieren ihre Gesundheit und verringern ihre Lebensqualität, indem sie das Gift der Bitterkeit und der Unversöhnlichkeit schlucken. In Matthäus 18,23-35 lesen wir, dass Menschen, die anderen nicht vergeben, ins »Gefängnis« geworfen werden. Falls du schon mal Groll oder Bitterkeit gegen jemanden gehegt hast, kennst du das sicher. Hasserfüllte Gedanken sind wie ein Gefängnis. Ich kann gar nicht genau sagen, wie viele unglückliche Tage ich früher gehabt habe, weil ich wütend auf jemanden war, der mich verletzt oder gekränkt hatte. Heute will ich absolut nicht mehr so leben und du hoffentlich auch nicht. Wir können uns für Vergebung entscheiden und jeden Tag unseres Lebens genießen.

Anderen zu vergeben, bringt ganz viel. Es bringt *dir* ganz viel! Durch deine Vergebungsbereitschaft hilfst du dir selbst noch mehr als dem anderen. Früher fiel es mir sehr schwer, Menschen zu vergeben, die mich verletzt hatten. Ich fand es unfair, dass sie Vergebung erhalten sollten, obwohl ich den Schaden trug. Ich litt, während die Missetäter ungeschoren davonkamen, ohne für den Schmerz zahlen zu müssen, den sie erzeugt hatten. *Unfair!* Doch inzwischen weiß ich, dass ich mir selbst etwas Gutes tue, indem ich mich für Vergebung entscheide.

Ich nehme dadurch Abstand von der Situation und lasse Gott ran. Dann kann er tun, was nur er tun kann. Stelle ich mich ihm jedoch in den Weg, indem ich mich rächen will, ist Gott nicht verpflichtet, sich für mich starkzumachen. Gott wird sich schon mit den Menschen befassen, die uns verletzt haben, solange wir sie ihm durch unsere Vergebung in die Hände legen. Der Akt der Vergebung ist der Same, den wir im Gehorsam Gott gegenüber säen. Haben wir unseren Samen einmal gesät, ist Gott treu und erzeugt auf die eine oder andere Weise eine gute Ernte für uns.

Es gibt noch weitere Vorzüge der Vergebung:

- Sie erlaubt Gott, sowohl im Leben des anderen als auch in unserem eigenen Leben zu wirken.

- Wir sind glücklicher und fühlen uns körperlich wohler, wenn wir das Gift der Unversöhnlichkeit nicht in uns zulassen. (Bitterkeit und Unversöhnlichkeit erzeugen Stress und seelische Belastungen, die schwere Krankheiten zur Folge haben können.)

- Markus 11,22-26 lehrt uns ganz klar, dass Unversöhnlichkeit unseren Glauben behindert. (Der Vater kann *unsere* Sünden nicht vergeben, wenn wir anderen nicht ihre Sünden vergeben. Wir ernten, was wir säen. Sät man Nachsicht, erntet man Nachsicht; sät man Verurteilung, erntet man Verurteilung.)

- Unsere Gemeinschaft mit Gott kann ungehindert stattfinden, wenn wir vergebungsbereit sind; durch Unversöhnlichkeit wird sie jedoch blockiert.

- Vergebung bewahrt uns davor, von Satan überlistet zu werden (siehe 2. Korinther 2,10-11). Epheser 4,26-27 sagt uns, dass wir die Sonne nicht über unserem Zorn untergehen lassen und dem Teufel keine Möglichkeit geben sollen, durch Zorn Macht über uns zu gewinnen. Denk daran, der Teufel muss erst einen Fuß bei uns in die Tür bekommen, bevor er sich breitmachen und eine innere Festung errichten kann. Lass den Teufel nicht hinein. Schlag ihm die Tür zu, indem du schnell vergibst.

Ja, vielleicht fällt es dir schwer, einer Person zu vergeben, die dich verletzt oder gekränkt hat. Doch all die oben genannten Gründe haben dich hoffentlich davon überzeugt, dass Vergebung das absolut Beste ist, was du tun kannst – dir zuliebe. Deshalb sage ich es gerne so: Tu dir selbst einen Gefallen und vergib!

Tu das Undenkbare

Wie reagierst du auf Verletzungen und Kränkungen? Lässt du dir davon deinen Seelenfrieden und deine Freude rauben? Spielen deine Gefühle verrückt?

Die Bibel weist uns an, wie wir mit Verletzungen umgehen sollten (und das ist eine ziemlich schockierende Anweisung):

>*Doch wenn ihr bereit seid, wirklich zu hören, dann sage ich euch: Liebt eure Feinde. Tut denen Gutes, die euch hassen. Betet für das Glück derer, die euch verfluchen. Betet für die, die euch verletzen.«*

Lukas 6,27-28

Das ist eine radikale Idee, nicht wahr? Gott fordert uns auf, unsere Feinde zu lieben, und das schließt alle Menschen mit ein, die uns verletzen. Erik Fitzgerald hielt sich daran. Er wollte dem Mann helfen, der den Unfall verursacht hatte, bei dem seine Frau und sein ungeborenes Kind umgekommen waren. Er wollte nicht, dass der andere aufgrund seines Fehlers für den Rest des Lebens unter Schuldgefühlen litt. Wow! Was für ein großartiges Beispiel für wahre Liebe.

Wenn du das für radikal hältst, dann lies, was in Lukas 6,35 steht. Dort geht Jesus noch einen Schritt weiter:

>*»Liebt eure Feinde! Erweist ihnen Gutes! Leiht ihnen Geld! Und macht euch keine Sorgen, weil sie es euch vielleicht nicht wiedergeben werden. Dann wird euer Lohn im Himmel groß sein und ihr handelt wirklich wie Kinder des Allerhöchsten, denn er erweist auch den Undankbaren und den Bösen Gutes.«*

Erstaunlich! Wir sollen nicht nur für unsere Feinde beten, sondern ihnen sogar Gutes tun! Gott weiß, dass es relativ leicht ist zu *sagen*, dass man jemandem vergibt. Wirklich real wird die Vergebung erst, wenn den Worten auch Taten folgen.

189

Es ist relativ leicht zu *sagen*, dass man
jemandem vergibt. Wirklich real wird die
Vergebung erst, wenn den Worten auch
Taten folgen.

Die Vergebung wird dann sowohl für den anderen als auch für
uns real. Aus eigener Kraft gelingt das nicht, aber mit Gottes
Hilfe können wir selbst denen Gutes tun, die uns verletzt haben.
    Werden wir mal ganz konkret. Angenommen ein Kollege
von uns bekommt die Beförderung, die wir uns selbst schon
länger gewünscht haben. Sobald wir Neid verspüren, können
wir dem Kollegen beispielsweise einen Gutschein für sein Lieb-
lingsrestaurant schenken und ihm zu seiner Beförderung gratu-
lieren. In diesem praktischen Gutestun liegt enorme Kraft. Die
Macht des Teufels wird dadurch zerstört, denn in Römer 12,21
steht, dass wir das Böse durch das Gute überwinden. Es war
lebensverändernd für mich, als ich dieses Prinzip entdeckte.
    Wenn wir den Menschen, die uns verletzt haben, mit Mitleid
begegnen und das für sie beten können, was Jesus gebetet hat –
»Vater, vergib ihnen, denn sie wissen nicht, was sie tun« –, findet in unserem Innern eine Party statt. In Lukas 6,35 steht, dass
unser Lohn im Himmel groß sein wird, wenn wir vergeben.
Gott belohnt unsere Vergebungsbereitschaft!
    Wir wissen nicht, wann wir wieder vergeben müssen, also
sollten wir darauf vorbereitet sein! Bete schon im Voraus und
plane, jedem zu vergeben, der dich verletzt oder kränkt. Du
solltest dich nicht mit Wut im Bauch schlafen legen oder deinen
Tag mit Bitterkeit verschwenden.

Vergebungs-Check

Verbringe nicht die nächsten zehn Jahre damit, dich an eine
Verletzung zu klammern und auf diese Weise nur dir selbst
wehzutun. Sehr wahrscheinlich denkt der Verursacher deines

Schmerzes überhaupt nicht an dich, während du der Verletzung jahrelang nachhängst. Das schadet nur einem einzigen Menschen, und zwar dir selbst.

Vergebung ist ein Prozess.
Es ist eine tägliche Entscheidung.

Lass dich nicht entmutigen, wenn du erst gestern jemandem vergeben hast, heute aber erneut Gefühle der Wut und Bitterkeit gegen diese Person in dir auftauchen. Entscheide dich einfach weiter für Vergebung. *Vergebung ist kein Gefühl, sondern eine Entscheidung, wie wir die Person behandeln wollen, die uns verletzt hat!* Falls du dir nicht sicher bist, ob du jemandem wirklich vergeben hast oder nicht, möchte ich dir drei Kennzeichen von Vergebung nennen:

1. Wer vergibt, trägt nichts nach.

In Lukas 15,29 sagt der ältere Bruder des verlorenen Sohnes zum Vater: »*All die Jahre habe ich schwer für dich gearbeitet.*« Petrus wollte wissen, *wie viele Male* er jemandem vergeben sollte (siehe Matthäus 18,21). Unversöhnlichkeit führt immer eine Liste. Im Gegensatz dazu steht in 1. Korinther 13,5, dass die Liebe nichts nachträgt. Liebe zählt das Böse nicht, das ihr angetan wird.

Früher hatte ich in unserer Ehe die Angewohnheit, bei einem Streit mit Dave oft Ereignisse hervorzukramen, die schon Jahre zurücklagen. Dave fragte mich dann manchmal: »Wo bewahrst du all dieses Zeug auf?« Was tat ich da? Ich führte eine Liste. Ich hielt an meinem Groll fest, und alles, was Dave falsch machte, fügte ich dieser Liste hinzu. Sie wurde länger und länger, sodass die Bitterkeit in meinem Herzen immer mehr zunahm. Einmal setzte ich mich sogar hin und schrieb buchstäblich eine Liste von allem, was Dave meiner Meinung nach nicht

191

richtig gemacht hatte. Vor Kurzem habe ich nun all das aufge-listet, was er richtig macht. Kein Wunder, dass ich früher unglücklich war und heute glücklich bin! Sobald du einen schlechten Tag hast, überprüfe dein Herz und frage dich, ob es jemanden gibt, dem du vergeben solltest.

Bitte Gott, die Liste zu löschen. Statt dich an den Schmerz deiner vergangenen Verletzungen zu klammern, entscheide dich für Vergebung und lass los.

Beim Listenführen gewinnt
niemand; es gibt nur Verlierer.

Entscheide dich zu vergeben und anderen nichts mehr nach-zutragen.

2. Wer vergibt, jammert nicht.

Hast du dich schon mal bei dem Gedanken ertappt: *Du tust nie etwas für mich?* Diese Einstellung sieht nur, was andere *nicht* tun, und ist blind für das, was sie tun. Die Bibel sagt uns klipp und klar, dass wir nicht jammern sollen. Wenn du wegen eines Vorfalls oder einer Kränkung weiterhin klagst und murrst, wirst du nie über die Sache hinwegkommen. Verschwende deine Zeit nicht mit Gejammer. Das bringt dir keine Freude und hält dich nur in Bitterkeit gefangen.

3. Wer vergibt, tut denen Gutes, die die Verletzung hervorgerufen haben.

Wer einem anderen vollkommen vergeben hat, ist auch bereit, dieser Person etwas Gutes zu tun. Kürzlich bat ich jemanden, etwas für mich zu erledigen, doch die Person sagte einfach: »Nein, das geht nicht.« Ich war zwar überrascht und enttäuscht, dachte aber nicht weiter darüber nach. Ungefähr zwei Wochen später kaufte ich einen schönen Kerzenständer, der dann doch nicht zu meiner Einrichtung passte. Als ich mit einer Freundin darüber sprach, wem ich den Kerzenständer schenken könnte, schlug sie die Person vor, dir mir ihre Hilfe verweigert hatte. Aus meinem Mund kamen folgende Worte: »Ihr möchte ich den nicht geben. Sie hat mir nicht geholfen, als ich sie um Hilfe bat!« Ich wusste nicht einmal, dass ich ihr diese Sache nicht vergeben hatte. Doch als ich meine eigenen Worte hörte, erkannte ich, dass meine Herzenshaltung nicht in Ordnung war. Sofort änderte ich meine Meinung und sagte: »Ja, bitte, gib ihr den Kerzenständer!«

Der Auftakt zu einem besseren Leben

Vergebung ist der erste Schritt zu einem besseren Tag und einem besseren Leben. Das heißt nicht, dass du deine Verletzung nicht anerkennst. Es entschuldigt auch nicht das Verhalten der Person, die dich verletzt hat. Aber wenn du die Bitterkeit und die Wut loslässt, kann Gott deinen Schmerz heilen und sich um diejenigen kümmern, die dir Leid zugefügt haben.

Willst du heute einen glücklichen Tag haben? Und morgen? Und übermorgen? Und alle Tage danach? Dann sei ein vergebungsbereiter Mensch. Entscheide dich dafür, die Kränkung zu vergeben, und versuche nicht, es der Person heimzuzahlen. Denk daran: Dir ist viel vergeben worden. Dies ist deine Chance, das Geschenk der Vergebung nun auch anderen zu machen.

Nicht vergessen:

- Wir vergeben nicht, weil es uns leichtfällt oder weil uns danach zumute ist. Wir vergeben, weil Gott uns zuerst vergeben hat.
- Wir sollen nicht nur für unsere Feinde beten, sondern ihnen sogar Gutes tun! Dazu fordert uns die Bibel auf.
- Vergebung trägt anderen nichts nach; sie jammert nicht und ist nicht neidisch.
- Vergebung bringt immer einen Lohn mit sich!

PRAKTISCHE TIPPS
... um zu vergeben und zu vergessen

- Fange eine neue Liste an: Statt aufzuschreiben, was andere dir angetan haben, stelle eine Liste zusammen von all dem, was Gott dir vergeben hat.
- Bete heute für die Menschen, die dich verletzt haben. Bete, dass Gott sie heilt, verändert und segnet.
- Kaufe eine Grußkarte oder ein kleines Geschenk für jemanden, der dich in der Vergangenheit gekränkt hat. Zeige der Person damit, dass du ihr vergeben und jegliche Bitterkeit losgelassen hast.

KAPITEL 19

Sei dankbar

Wenn es ums Leben geht, ist das Entscheidende, ob
man Dinge als selbstverständlich betrachtet oder sie
mit Dankbarkeit annimmt.

G. K. Chesterton

Ich habe einmal einen Witz zum Thema Dankbarkeit gehört, der ungefähr so ging:

Zwei Freunde trafen sich zum Kaffee. Der eine bemerkte, dass der andere ziemlich aufgelöst war und den Tränen nahe zu sein schien.

»Was ist denn los?«, fragte er seinen Freund. »Warum bist du so aufgebracht?«

»Nun«, erwiderte der verzweifelte Mann, »meine Tante ist vor drei Wochen gestorben und hat mir 25.000 Dollar hinterlassen.«

»Wow! Das ist eine Menge Geld!«

»Das ist noch nicht alles«, warf der gar nicht so glückliche Freund ein. »Vor zwei Wochen ist ein Cousin mütterlicherseits gestorben und hat mir 80.000 Dollar hinterlassen.«

»Es tut mir leid, von deinem Verlust zu hören«, sagte der mitfühlende Freund, »aber wiederum, das ist eine Menge Geld.«

»Und letzte Woche ... ist mein Opa gestorben und hat mir eine halbe Million hinterlassen.«

»Was? So viel hast du geerbt? Warum bist du denn so aufgebracht?«

»Ich sage dir, warum. Diese Woche ... nichts!«

Ich glaube, dieser Witz ist lebensnaher, als die meisten von uns zugeben würden. Die Wahrheit ist, dass wir so viel Gutes empfangen und doch oft so undankbar sind. Wir lassen uns von dem vereinnahmen, was wir nicht haben, statt auf das zu sehen, was wir haben.

Dankbarkeit wird aus einem Herzen
der Wertschätzung geboren, einem
Herzen, das versteht, wie viel es
empfangen hat.

Man kann auf jeden Fall sagen, dass Dankbarkeit aus jedem Tag einen glücklicheren Tag macht. Einer der Hauptgründe für »schlechte Tage« ist der, dass wir unser Augenmerk auf das richten, was wir nicht haben, statt uns auf das zu konzentrieren, was wir haben. Wir beschäftigen uns mit dem, was Menschen nicht für uns getan haben, und vergessen, was sie für uns getan haben.

Theoretisch stimmen die meisten von uns damit überein, dass wir vieles haben, wofür wir dankbar sein können. Im Vergleich zu Menschen in Entwicklungsländern ist unser Leben voller Annehmlichkeiten, die wir aber leicht als gegeben hinnehmen. Viele von uns wohnen in komfortablen Häusern, haben etwas Schönes anzuziehen und können auf verlässliche Transportmittel zurückgreifen. Uns mangelt es nicht an sauberem Wasser und nahrhaftem Essen. Wir haben Zugang zu Gesundheitsfürsorge und Bildung und leben im Grunde ein gutes Leben mit viel Freiheit und Sicherheit. Wir können diese wunderbaren Vorzüge leicht als selbstverständlich ansehen und die schlechte Gewohnheit entwickeln, uns auf das zu konzentrieren, was uns fehlt. Aber wir sollten daran denken: Millionen Menschen auf der ganzen Welt müssen ihr Leben bestreiten, ohne dass ihre Grundbedürfnisse gestillt werden.

Ich weiß noch, wie einer unserer Söhne einmal am Wochenende bei einer Obdachlosenarbeit mitgeholfen hat. Ich wusste, dass das Erlebnis einen starken Eindruck hinterlassen hatte, als er mich anrief und sagte: »Mama, wenn ich noch mal über irgendetwas klage, dann bestrafe mich bitte für meine Undankbarkeit!« Nachdem er gesehen hatte, in welchen Zuständen andere leben mussten, nagte seine frühere Undankbarkeit stark an seinem Gewissen.

Denk mal darüber nach:

- Wer keine eigenen vier Wände hat, würde gerne ein Haus haben, um das er sich kümmern könnte. Doch viele Hausbesitzer klagen darüber, dass sie ihr Haus in Schuss halten müssen.
- Wer kein Auto hat, träumt vom eigenen Transportmittel, doch viele Autobesitzer klagen über die Benzinpreise und die Kosten für Reparaturen.
- Wer keine Arbeitsstelle hat, will unbedingt eine finden, doch viele Menschen mit guten Jobs klagen, wenn sie mal zwanzig Minuten länger arbeiten müssen.
- Wer unverheiratet ist, würde sich schon über etwas Gesellschaft beim Essen freuen, doch viele Frauen klagen über die Fehler ihrer unvollkommenen Ehemänner.

Wir sollten Gottes Hilfe erbitten, um alles angemessen zu beurteilen. Wir sind reich beschenkt und haben so viel, für das wir dankbar sein können!

Die Wahrheit ist jedoch, dass wir leicht vergessen, wie gut es uns geht. Das passiert uns ständig. In den USA scheint Thanksgiving der einzige Tag im Jahr zu sein, an dem wir uns erinnern: *Ach ja, eigentlich sollte ich dankbar sein!* Aber selbst der Tag dreht sich mehr um Truthahn mit Soße – und zum Nachtisch Pie – als um Danksagung. Es ist nicht leicht, sich eine dankbare Einstellung zu bewahren. Wir müssen es bewusst einüben. In diesem Sinne möchte ich dir drei Dinge vorschlagen, die du tun kannst, um jeden Tag mit einer dankbaren Einstellung zu genießen:

Übe das Loben und Danken

Gott zu loben und ihm zu danken, ist das vielleicht Beste, was du im Laufe eines Tages tun kannst. Ganz gleich was du aufbauen willst – eine Familie, eine Ehe, ein Geschäft, finanzielle Sicherheit oder nur ein Trainingsprogramm –, du kannst Gott währenddessen immer wieder deine Dankbarkeit zeigen. Schau dich mal um, dann wird es nicht lange dauern, bis du Dinge entdeckst, für die du Gott danken kannst. Heute Morgen, als ich aus dem Bett gestiegen bin, habe ich Gott dafür gedankt, dass ich laufen kann! Fange früh mit dem Danken an und setze es den ganzen Tag über fort.

Wir können Gott selbst in scheinbar belanglosen Situationen, die unseren Tag füllen, danken. Beim Anziehen können wir Gott für die Kleidung danken, die wir haben. Auf dem Arbeitsweg können wir Gott für unser Transportmittel und unsere Arbeitsstelle danken. Beim Einkaufen können wir Gott dafür danken, dass wir nicht unser ganzes Essen selbst anbauen müssen. Beim E-Mailen können wir Gott für die bequemen Kommunikationsmittel danken. Es gibt Hunderte Routineaufgaben, die wir jeden Tag als selbstverständlich hinnehmen. Der Großteil unserer Zeit ist mit diesen gewöhnlichen Tätigkeiten gefüllt – warum sie also nicht wertschätzen und genießen lernen und Gott dabei danken?

Ein dankbares Herz ehrt nicht nur Gott, sondern tut auch uns selbst gut! A. W. Tozer sagte: »Anbetungslose Tage sind unglückliche Tage.«[10] Die Lösung für unglückliche Tage ist ganz einfach: Gott danken. Wenn wir Gott dafür danken, wie gut er ist, wie reich er uns beschenkt hat und was er uns alles zugutekommen lässt, erfüllt uns ein Gefühl des Friedens und der Freude. Danksagung ist wie Sonnenschein und erhellt jeden Tag.

Bei meinen Konferenzen ist mir immer wichtig, dass ich im Saal bin, wenn die Lobpreiszeit beginnt, weil ich gerne die Nähe Gottes auf diese Weise erlebe. Mehr noch, ich achte immer darauf, Gott erst zu loben und zu preisen, bevor ich das Publikum anspreche. Ich möchte meine Gedanken auf Gott ausrichten und ihm nicht nur für das danken, was er in meinem Leben getan hat, sondern auch für die Worte, die er mir für das Publikum geben wird. Ich will ihm für alles, was er in der Veranstaltung tun wird, schon im Voraus meinen Dank entgegenbringen.

Eigentlich braucht Gott unser Lob und unsere Anerkennung nicht. Wir danken ihm nicht, um ihn glücklich zu machen, eine geistliche Voraussetzung zu erfüllen oder ihn zu bewegen, etwas für uns zu tun.

> Gott im Laufe des Tages immer
> wieder zu loben, soll einfach
> ausdrücken, wie dankbar wir
> dafür sind, wer Gott ist.

Wenn wir Gott preisen, erzählen wir sozusagen eine »Geschichte« von dem, was er getan hat. Indem wir ihm für einfache Dinge danken, wie zum Beispiel für das fließende Wasser in unserem Haus, erzählen wir eine »Geschichte« von Gottes Versorgung und verkünden seine Güte. Auf diese Weise kommt eine dankbare Herzenshaltung zum Ausdruck, die sagt: *Ich liebe dich, Herr. Ich bete dich an. Ich erkenne an, dass dieses Geschenk von dir kommt.* Gott regelmäßig zu danken, macht uns nicht nur bewusst, dass er in unserem Leben aktiv ist, sondern schafft auch eine neue Perspektive. Unsere Denkweise wird erneuert, unsere Einstellung verbessert sich und wir werden mit Freude erfüllt (siehe Psalm 16,11).

Führe ein Dankbarkeitstagebuch

In Psalm 1,2 steht, dass ein glücklicher Mensch »Tag und Nacht« über die Worte Gottes nachdenkt. Wie geht das? Indem er sich eingehend mit der Bibel beschäftigt. Damit wir uns das, was Gott in seinem Wort sagt, beständig durch den Kopf gehen lassen können, müssen wir die Bibel regelmäßig lesen und studieren. Als ich heute Morgen meinen Spaziergang machte, dachte ich mehr als eineinhalb Stunden lang über Gottes Worte nach und sprach sie laut aus. Das konnte ich aber nur, weil ich mich jahrelang mit der Bibel beschäftigt habe. Je länger ich an Gottes Wort und seine Zusagen dachte, umso energiegelandener und lebendiger fühlte ich mich. Gottes Wort hat Kraft. Sie ist Nahrung für unseren Geist und macht uns stark.

Neben den Zusagen Gottes in der Bibel können wir auch über all das Gute nachsinnen, das Gott für uns getan hat. Das geht besonders gut mithilfe eines »Dankbarkeitstagebuchs«. Das ist ein Tagebuch, in dem man die Segnungen Gottes aufschreibt, für die man dankbar ist.

Manchmal sind wir frustriert und unglücklich, weil wir den Eindruck haben, dass alles schiefläuft. Doch die Wahrheit ist, dass vieles *richtig* gelaufen ist, wir es uns nur nicht vor Augen gehalten oder es bereits wieder vergessen haben. Wir können uns entscheiden, bewusst jeden Tag auf das Gute zu achten und es in unserem Dankbarkeitstagebuch zu notieren. Dann haben wir nicht nur einen viel glücklicheren Tag, sondern können auch vergangene Einträge lesen, wenn wir uns niedergeschlagen fühlen. Das erinnert uns an all das Gute, das Gott in unserem Leben getan hat.

Zähle doch mal, wie viel Gutes dir im Laufe eines Tages passiert. Wie hoch könnte die Zahl sein, wenn du wirklich für alle Segnungen Gottes dankbar wärst, nicht nur die großen, sondern auch die kleinen? *10? 20? 30 oder 40?* Ich glaube, du wirst überrascht sein, für wie viel du dankbar sein kannst, wenn du die Dinge aufschreibst. Selbst wenn du dein Dankbarkeitstagebuch nur ab und zu mal benutzt, wird es dir sehr guttun. Gott beschenkt dich gerne. Ich vermute, dass er dein Tagebuch im Nullkommanichts füllen wird!

Drücke deine Dankbarkeit in Worten aus

Wann hast du das letzte Mal jemandem ein aufrichtiges »Dankeschön« gesagt? Ich meine damit nicht nur, der Bedienung im Café für den Kaffee zu danken oder sich beim Kassierer für das Wechselgeld zu bedanken (obwohl ein Dankeschön auch da angemessen ist). Ich meine ein echtes Dankeschön an die Menschen in deinem Leben.

- Danke, lieber Ehemann, für deine harte Arbeit und Liebe für unsere Familie!
- Vielen Dank, Chef, für die Gelegenheit, hier arbeiten zu dürfen!
- Danke, Freund, dafür, dass du heute mit mir Zeit verbringst und mich immer wieder ermutigst!
- Vielen Dank, Mitarbeiter, für Ihre gute Arbeit und Ihren Einsatz für das Unternehmen.

Vielleicht denkst du: *Joyce, das ist doch nicht nötig. Die Menschen in meinem Leben wissen, dass ich sie schätze.* Nein, das wissen sie nicht unbedingt – es sei denn, du sagst es ihnen. Und selbst wenn sie es wissen, tut ein Dankeschön immer gut.

Ich verrate dir ein kleines Geheimnis: Sich bei jemandem zu bedanken, tut dir genauso gut wie dem anderen, weil es eine dankbare Haltung in dir entwickelt. Wenn du dich bei den Menschen in deinem Leben bedankst, wird dir bewusst, wie gesegnet du bist. Es ist nahezu unmöglich, launisch, frustriert und unglücklich zu sein, während du dich den ganzen Tag über selbst für die geringfügigsten Kleinigkeiten bei Menschen bedankst.

»Danke« ist ein selbstloser Ausdruck,
der dich entscheidend voranbringt.

Fangen wir an

Jeder Augenblick unseres Lebens ist ein kostbares Geschenk von Gott. Wir sollten die Entscheidung treffen, eine dankbare Haltung zu entwickeln und voller Freude zu leben, einfach weil Gott gut ist und er uns so viel gegeben hat, wofür wir dankbar sein können. Beenden wir dieses Kapitel ganz praktisch. Hier ist eine Liste von kleinen und großen Dingen, für die wir heute dankbar sein können:

- Familie
- ein Dach über dem Kopf
- die Kleidung am Leib
- die Freundschaften im Leben
- dafür, dass Gott uns durch Schwierigkeiten hindurchgebracht hat
- ein erfüllter Traum
- ein gesunder Körper (selbst wenn wir gerade krank sind oder Schmerzen haben, können wir für die Körperteile dankbar sein, die gesund sind)
- unsere Arbeitsstelle
- die Gaben und Talente, die Gott uns gegeben hat
- sauberes Wasser
- die moderne Technik, die wir jeden Tag benutzen
- die Bibel
- Gottes bedingungslose Liebe für uns

Deine Liste kann (und sollte) immer weitergehen. Das sind nur einige wenige Punkte, mit denen du beginnen kannst. Schreibe deine eigene Liste und füge jeden Tag etwas Neues hinzu. Es ist eines der besten Dinge, die du tun kannst, wenn du das Leben genießen und aus jedem Tag, den Gott dir geschenkt hat, das Beste machen willst.

Dankbarkeit hat keine Kehrseite.

Sie ist eine der gesündesten Einstellungen, die du haben kannst. Also, worauf wartest du? Die beste Zeit, um dankbar zu sein, ist jetzt!

Nicht vergessen:

- Wir haben vieles, wofür wir dankbar sein können. Sieh das Gute in deinem Leben nicht als selbstverständlich an, zum Beispiel ein bequemes Zuhause, schöne Kleidung, verlässliche Verkehrsmittel, sauberes Wasser, nahrhaftes Essen, Gesundheitsfürsorge, Bildung, Freiheit und Sicherheit.
- Eine dankbare Haltung entsteht nicht automatisch. Wir müssen sie ganz bewusst ausbilden.
- Wenn wir Gott für seine Güte und seine Segnungen preisen, erfüllt uns das mit Frieden und Freude.
- Wir sollten die Entscheidung treffen, eine dankbare Haltung zu entwickeln und voller Freude zu leben, einfach weil Gott gut ist und er uns so viel gegeben hat, wofür wir dankbar sein können.
- Sich bei jemandem zu bedanken, tut uns genauso gut wie dem anderen, weil es eine dankbare Haltung in uns entwickelt.

PRAKTISCHE TIPPS
... um Dankbarkeit einzuüben

- Besorge dir heute ein Notizbuch, damit du gleich mit deinem Dankbarkeitstagebuch anfangen kannst.
- Sage heute mindestens fünf Menschen in deinem Leben, wie dankbar du für sie bist. Rufe sie an, schreibe einen Zettel oder sage es ihnen persönlich. Es wird ihnen guttun – und dir auch!
- Mach mal ein Experiment: Drücke mit dem ersten Satz, den du morgens sagst, und dem letzten Satz, den du abends sagst, Dankbarkeit aus. Beobachte, wie diese neue Haltung der Dankbarkeit deinen Frieden und deine Freude mehrt.

KAPITEL 20

Staune!

*Glücklich ist die Seele, die von einem Blick auf Gottes
Größe in Staunen versetzt worden ist.*

A. W. Pink

In Kapitel 13 sprach ich darüber, wie wichtig es ist, langsamer
zu machen, im Hier und Jetzt zu leben und sich auf das zu konzentrieren, was man gerade tut. Es ist gut, wenn wir uns auf
unsere Aufgaben konzentrieren, aber wir sollten dabei nicht all
das Erstaunliche verpassen, das überall um uns herum geschieht. Ohne ein Ziel können wir im Leben nicht viel erreichen, aber ohne Staunen können wir im Leben nicht viel genießen! Sei nicht so sehr in deine Aufgaben vertieft, dass du dir das
Wunder des Augenblicks entgehen lässt. Genau das passierte
Marta! In der Bibel lesen wir, wie Jesus Marta und Maria einmal
besuchte. Marta war so mit der Bewirtung der Gäste beschäftigt,
dass sie sich das Wunder des Augenblicks entgehen ließ! Jesus
war bei ihr zu Hause und sie hatte die Gelegenheit, ihm zu
Füßen zu sitzen und von ihm zu lernen, aber sie war genervt,
weil ihre Schwester Maria ihr nicht half. Maria saß Jesus zu
Füßen und hörte ihm aufmerksam zu. Als Marta sich darüber
bei Jesus beschwerte, sagte er ihr, dass sie sich zu sehr um die
vielen Kleinigkeiten sorgte und dass Maria erkannt hätte, was
am wichtigsten sei (siehe Lukas 10,38-42). Die Arbeit war zwar
auch wichtig, aber in diesem Moment war es wichtiger, Jesus
zuzuhören. Pass auf, dass du dich nicht im Kleinkram verhed-
derst und dir die großen Wunder entgehen lässt, die um dich
herum passieren.

Ich habe das Vorrecht, manchmal direkt in Sichtweite des

Meeres an meinen Büchern zu arbeiten. Doch es ist schon vorgekommen, dass ich sieben oder acht Stunden am Stück ins Schreiben vertieft war, ohne ein einziges Mal aufzublicken – mit Ausnahme, wenn ich auf die Toilette musste. Das Meer lag genau vor meiner Nase, doch ich sah es nicht, weil ich auf mein Ziel fixiert war. Ich will damit nicht sagen, dass wir uns nicht auf unsere Aufgaben konzentrieren sollten. Ich bin ein äußerst zielorientierter Mensch, aber inzwischen habe ich auch gelernt, dass ich mir jede Stunde oder so ein paar Momente gönnen kann, um den Ausblick zu genießen. Das Buch wird trotzdem fertig. Mehr noch, ich glaube, ich empfange kreative Energie dadurch, dass ich mal innehalte und ins Staunen komme!

»Kopf runter« ist nicht die richtige Lebensweise. Erlaube es dir zu staunen! Das ist die Art von Leben, die Gott dir wünscht: von Ehrfurcht ergriffen, in Erstaunen versetzt, inspiriert. Die Güte Gottes und die Pracht seiner Schöpfung sind überall um dich herum. Du musst nur den Kopf heben und hinschauen. Stell dir mal vor, wie viel glücklicher jeder Tag sein könnte, wenn du staunst:

- über die Schönheit eines Sonnenaufgangs
- über die Wärme einer Umarmung
- über die Vögel, die ihre »Lieder« zwitschern
- über die heilenden Kräfte eines herzhaften Lachens
- über die Liebe in den Augen des Partners
- über die Kreativität der Kinder
- über die Treue eines Freundes
- über die Segnungen, die jeder Tag mit sich bringt
- über die Begabung eines Künstlers
- über die Farben am Abendhimmel
- über die Gegenwart Gottes

Das sind nur einige der bemerkenswerten Dinge, die jeden Tag passieren. Sie sind zu wunderbar, als dass man sie sich entgehen lassen sollte. Wenn wirklich jeder Tag ein glücklicher Tag sein soll, dann gibt es kaum etwas Besseres, als all das Eindrucksvolle um sich herum bewusst wahrzunehmen und zu staunen.

Ich gebe zu, viele der oben aufgeführten Punkte unterliegen dem Wandel. Sie sind nicht *immer* so offensichtlich. Manchmal verdecken Wolken den Sonnenaufgang, gelegentlich enttäuscht uns ein Freund und es gibt Tage, an denen man nicht so viel Vogelgezwitscher hört wie an anderen. Doch das heißt nicht, dass wir nicht trotzdem staunen können. Es gibt nämlich zwei unwandelbare Dinge, die uns immer in Erstaunen versetzen sollten: (1) die Größe Gottes und (2) das Vorrecht, Gott vertrauen zu dürfen.

Die Größe Gottes

»Oh Gnade Gottes, wunderbar ...«

»Du großer Gott, wenn ich die Welt betrachte ...«

»Lobet den Herren, den mächtigen König der Ehren ...«

Vermutlich kennst du einige dieser Liedtexte von bekannten Kirchenliedern. Es sind Worte, die Ehrfurcht und Staunen über die Größe Gottes vermitteln. Derartige Lieder können uns schier die Sprache verschlagen, sodass wir nur noch mit weit aufgerissenen Augen hinhören. Diese Art von Staunen eröffnet eine hoffnungsvolle, zuversichtliche Lebensperspektive.

Auch in der Bibel lesen wir von der Stärke und Kraft Gottes:

Der Herr ist König! Er ist in Herrlichkeit gekleidet. Ja, der Herr ist in Herrlichkeit gekleidet und mit Stärke umgürtet. Die Erde ist fest gegründet, nichts kann sie erschüttern.

Psalm 93,1

»Dein, Herr, sind Größe, Macht, Herrlichkeit, Ruhm und Hoheit. Alles im Himmel und auf der Erde gehört dir; dein ist das Reich, Herr. Wir beten dich an als den Herrn über alles.«

1. Chronik 29,11

Dies sagt der Herr: »Der Himmel ist mein Thron und die Erde der Schemel für meine Füße. Was für ein Haus müsstet ihr bauen, damit es diesem gleichkäme? Was wäre das für ein Ort, an dem ich ruhen könnte?«

Jesaja 66,1

Wow! Unser Gott ist so mächtig, dass er »in Herrlichkeit gekleidet« ist. Die Erde ist der Schemel seiner Füße. Das ist etwas, das uns zum Staunen bringen sollte.

Kein Mensch, kein Feind, keine
Macht sind stärker als unser
Gott – und er liebt uns!

Heute haben wir zahllose Möglichkeiten, uns Gottes Größe vor Augen zu führen. Wir können uns Bibellehren im Fernsehen, Radio und Internet ansehen oder anhören; wir können ermutigende Impulse in den sozialen Medien finden; wir können uns inspirierende Musik anhören; wir können hilfreiche, auf der Bibel basierende Bücher lesen. Die Liste ist nahezu endlos. Leider scheinen jedoch unsere Ehrfurcht vor Gott und unser Staunen über ihn trotz dieser vielen Ressourcen Mangelware zu sein.

Der Hauptgrund für unsere mangelnde Ehrfurcht vor Gott ist möglicherweise unsere zu starke Vertrautheit. Wenn wir uns an etwas oder jemanden gewöhnen, können wir es oder ihn als so selbstverständlich ansehen, dass wir nichts Besonderes mehr empfinden. Bei vielen Menschen ist genau das mit ihrer Gottesbeziehung passiert.

Ähnlich verhielt es sich mit den Israeliten im ersten Buch Samuel. Die Bundeslade war für die Israeliten äußerst wichtig, weil sie die Gegenwart Gottes repräsentierte. Sie war heilig und sollte mit Ehrfurcht behandelt werden. Sie war etwas ganz Besonderes, so besonders, dass sie nicht von Menschenhand berührt werden durfte. Um eine Berührung zu vermeiden, steckten die Priester Stangen durch Ringe an zwei Seiten der Bundeslade, wenn diese transportiert wurde. Die Gegenwart Gottes war den Israeliten heilig. Überall, wo sie hingingen, ging ihnen die Bundeslade voraus. Die Israeliten trugen sie sogar bei Kämpfen vor sich her – und gewannen jedes Mal!

Erstaunlich, oder? Die Größe Gottes war wirklich beeindruckend!

Doch was geschah im Laufe der Zeit? Statt sich die Ehrfurcht zu erhalten, gewöhnten sich die Israeliten zu sehr an die Gegenwart Gottes. Sie fingen an, diese als gegeben hinzunehmen. Daraufhin gelang es ihren Feinden, sie in den Schlachten zu schlagen. Die Philister nahmen den Israeliten sogar die Bundeslade weg. Sie verloren die Gegenwart Gottes – seine Herrlichkeit! Obwohl sie die Bundeslade schließlich zurückgewannen, behandelten einige sie nicht mit Ehrfurcht, sondern berührten sie trotz des Verbots (siehe 1. Samuel 4–6).

Falls du das Gefühl hast, dass dir deine Ehrfurcht abhandengekommen ist, keine Sorge. Du kannst sie wiedergewinnen. Mit unserer Sichtweise auf Gott verhält es sich so ähnlich wie mit Salatdressing in einer Flasche. Die meisten Gewürze setzen sich am Flaschenboden ab, doch wenn man die Flasche schüttelt, vermischen sich die Zutaten, und das Dressing kann dem Salat wieder Würze verleihen. Auch wir können uns selbst mal etwas »schütteln« und unser Staunen und unsere Ehrfurcht vor Gott wiedererlangen. Ich muss das ebenfalls ab und zu tun. Manchmal werden wir so von unserem Alltag vereinnahmt, dass wir vergessen, wie wunderbar Gott ist. »Schüttle« die Erinnerungen an das, was er für dich getan hat, mal wieder nach oben. Tu, was du getan hast, als du Gottes Nähe, Gnade und Liebe zum ersten Mal erlebtest. Ich garantiere dir, dass Gott jeden Tag viel Erstaunliches um dich herum und für dich tut. Du musst nur Notiz davon nehmen. Je mehr du ins Staunen kommst, umso schöner wird dein Tag!

Es gibt verschiedene Möglichkeiten, wie wir das Festgesetzte wieder nach oben »schütteln« können:

- Halte dir vor Augen, wie gut Gott in der Vergangenheit zu dir gewesen ist. Denk darüber nach, wie sehr er dich bereits gesegnet hat.
- Überlege dir, in welchen brenzligen Situationen er dich beschützt hat. Vielleicht wurdest du vor einem schlimmen Unfall bewahrt, weil du deine Schlüssel im Auto eingeschlossen hattest und auf dem Weg zur Arbeit spät dran warst. Solche Vorkommnisse sind nicht unbedingt Zufälle, sondern können die Hand Gottes sein. Achte mal darauf.
- Notiere deine Gebetsanliegen in einem Tagebuch und füge später die entsprechenden Gebetserhörungen hinzu. Das passt auch gut zu dem Dankbarkeitstagebuch.
- Erzähle anderen, was Gott in deinem Leben tut! Dabei spielt es keine Rolle, ob es große oder kleine Dinge sind; Erinnerungen sind wichtig, um sich die Hoffnung zu bewahren.

Konzentriere dich darauf, wie wunderbar Gott ist. Achte darauf, was für erstaunliche Dinge er für dich getan hat, immer noch tut und tun wird. Dann kommst du gar nicht umhin, über ihn zu staunen! Gewöhne dich nie an die Liebe und Gnade Gottes in deinem Leben. Sie sind große Segnungen, die dich dein Leben lang immer wieder in Staunen versetzen sollten.

Das Vorrecht,
Gott vertrauen zu dürfen

In diesem Buch habe ich über viele verschiedene Wege gesprochen, wie du dein Leben, das Jesus dir geschenkt hat, genießen kannst. Wir haben sowohl praktische Themen wie Zeitmanagement als auch tief greifende Themen wie Gottvertrauen abgedeckt.

Gott möchte uns helfen. Er liebt uns. Wir sind seine Kinder. Aber er zwingt uns seine Hilfe nie auf. Er sieht uns, wenn wir uns allein durchkämpfen, und bestimmt macht es ihn traurig, weil wir ihn nur um Hilfe bitten müssten. Gott hat mir diese

Wahrheit anhand eines Beispiels vermittelt, das ich nie vergessen werde.

Mein Mann Dave ist sehr groß. Und ich … nun, ich bin nicht so groß. Wir haben ein hohes Fenster über der Spüle in unserer Küche. Wenn das Fenster offen steht, kann ich es ohne große Anstrengung unmöglich schließen. Doch wie glaubst du, würde Dave sich fühlen, wenn ich aus dem Haus rennen und meinen Nachbarn bitten würde, das Fenster für mich zu schließen? Oder was wäre, wenn ich es selbst schließen wollte? Ich würde mich strecken und abmühen, vielleicht sogar auf die Arbeitsplatte klettern, dabei möglicherweise Dinge umstoßen – während Dave die ganze Zeit neben mir steht. Das wäre doch eine Beleidigung ihm gegenüber.

Ganz ähnlich verhält es sich mit Gott. Wie muss er sich vorkommen, wenn er sieht, wie wir andere um Hilfe bitten oder uns unnötig selbst abmühen? Ich glaube, das macht ihn traurig. Er sieht nicht gerne, wie seine Kinder sich selbst schaden. Ganz gleich welchem Problem du gegenüberstehst, Gott ist bei dir und er wartet darauf, dass du ihn einfach *um Hilfe bittest*.

Also, zu welchen Veränderungen dieses Buch dich auch angeregt hat, der Weg zu einem neuen, besseren, glücklicheren Leben ist einfach: (1) Demütige dich, (2) vertraue Gott und bitte ihn um Hilfe und (3) dann tu das, was er dir aufträgt. Solange du dich an diese Schritte hältst, wirst du überrascht sein, wie viel besser das Leben sein kann.

Häufig sehen wir Gottvertrauen als etwas an, das uns abverlangt wird – das wir machen *müssen* –, doch tatsächlich ist es ein großes Vorrecht, Gott vertrauen zu dürfen. Es ist etwas, das uns in Erstaunen versetzen sollte. Ich staune darüber, dass ich Gott an meiner Seite habe und dass er überall alles tun kann, weil ihm nichts unmöglich ist. Bestimmt empfindest du das auch so, oder wirst es empfinden, wenn du einmal darüber nachdenkst.

Du bist nicht allein. Du bist nicht ohne Hilfe. Gott hat einen Plan, und selbst wenn du etwas falsch gemacht hast, vergibt er dir und hilft dir gerne, ohne dir Vorwürfe zu machen. Du hast das große Vorrecht, ihm jederzeit deine Probleme bringen zu können, in dem Wissen, dass er dich hört, dass du ihm wichtig bist und er dir helfen möchte!

Es ist schon häufig vorgekommen, dass ich bei einem Problem gesagt habe: »Ich habe alles probiert. Tja, jetzt kann ich nur noch Gott vertrauen.« Vielleicht hast du auch schon mal so etwas gesagt. Eigentlich ist das eine schreckliche Aussage, die zeigt, wie wenig Glauben wir haben. Sagen wir doch lieber: »Ich habe ein Problem, aber zum Glück darf ich auf Gottes Hilfe vertrauen. Ich werfe meine Sorgen auf ihn, weil er sich um mich kümmert. Ich warte auf ihn und tue alles, was er mir zeigt. Er wird mir die nötige Kraft und Fähigkeit geben.«

Unsere schlechten Tage werden von kurzer Dauer sein, wenn wir lernen, Gott in jeder Situation sofort zu vertrauen! Wir mögen immer noch Schwierigkeiten haben, aber unsere Hoffnung und unser Glaube an Gott werden ausreichen, um sie erfolgreich zu bewältigen!

Also, Kopf hoch. Du hast Grund zum Lächeln. Gott ist erstaunlich und er ist dein Gott!

Nicht vergessen:

- Von Ehrfurcht ergriffen, in Erstaunen versetzt, inspiriert – das ist die Art von Leben, die Gott dir wünscht.
- Es gibt zwei unwandelbare Dinge, die uns immer in Erstaunen versetzen sollten: (1) die Größe Gottes und (2) das Vorrecht, Gott vertrauen zu dürfen.
- Wenn du erkennst, wer Gott ist, wird dir klar, was er in deinem Leben tun kann.
- Gottvertrauen ist ein Privileg, keine Pflicht.
- Gott möchte dir gerne helfen. Er liebt dich. Du bist sein Kind. Du musst ihn nur um Hilfe bitten.

PRAKTISCHE TIPPS
... um ins Staunen zu kommen

- Geh nach draußen und suche drei bewundernswerte Dinge, die Gott geschaffen oder dir gegeben hat. Halte inne und danke Gott für jedes dieser Dinge.
- Studiere die Bibel und finde Verse, in denen von der Macht, Pracht und Herrlichkeit Gottes die Rede ist. Schreibe einige dieser Verse auf und bringe sie am Kühlschrank oder an einer anderen Stelle an, die du häufig siehst. Lass sie als beständige Erinnerung an die erstaunliche Größe Gottes dienen.
- Stelle eine Liste mit Tipps aus diesem Buch zusammen, um aus jedem Tag einen glücklichen Tag zu machen. Doch bevor du irgendetwas anderes tust, bitte Gott um Hilfe, es nicht in deiner eigenen Kraft, sondern in *seiner* Kraft zu tun.

Gebet um Errettung

Gott liebt Sie und sehnt sich nach einer persönlichen Beziehung mit Ihnen. Sollten Sie Jesus noch nicht als Ihren Retter angenommen haben, dann können Sie das jetzt tun. Öffnen Sie ihm einfach Ihr Herz und sprechen Sie folgendes Gebet:

»Vater, ich weiß, dass ich gegen dich gesündigt habe. Bitte vergib mir. Mach du mich rein. Ich entscheide mich, mein Vertrauen auf Jesus, deinen Sohn, zu setzen. Ich glaube, dass er für mich gestorben ist. Er hat meine Sünden auf sich genommen, als er am Kreuz für mich starb. Ich glaube, dass er von den Toten auferstanden ist. Ich mache Jesus zum Herrn meines Lebens. Danke, Vater, für das Geschenk der Vergebung und des ewigen Lebens. Bitte hilf mir, für dich zu leben. In Jesu Namen, amen.«

Wenn Sie dieses Gebet von ganzem Herzen gesprochen haben, dann hat Gott Sie angenommen, Ihnen vergeben und Sie von der Gefangenschaft des geistlichen Todes befreit. Nehmen Sie sich etwas Zeit, um die folgenden Bibelstellen aufmerksam zu lesen. Bitten Sie Gott, zu Ihnen zu reden, während Sie anfangen, dieses neue Leben mit ihm zu gestalten.

Johannes 3,16	1. Johannes 1,9
1. Korinther 15,3-4	1. Johannes 4,14-15
Epheser 1,4	1. Johannes 5,1
Epheser 2,8-9	1. Johannes 5,12-13

Bitte beten Sie dafür, dass Gott Ihnen hilft, eine Gemeinde zu finden, die Sie darin unterstützt, in Ihrer Beziehung zu Jesus Christus zu wachsen. Er wird Sie in Ihrem Alltag begleiten und Ihnen zeigen, wie Sie zufrieden leben können, so wie er es sich für Sie gedacht hat. Wir empfehlen Ihnen, an einem Alpha-Kurs in einer Kirchengemeinde in Ihrer Nähe teilzunehmen. In diesem überkonfessionell angebotenen Glaubenskurs können Sie in offener Atmosphäre Ihre Fragen zum Glauben stellen. Nebenbei lernen Sie andere Menschen kennen, die ebenso wie Sie am Anfang ihres spannenden Lebens mit Gott stehen. Wir helfen Ihnen gerne, einen Kurs in Ihrer Nähe zu finden. Rufen Sie uns einfach an:

Deutschland 040 / 88 88 4 11 11
Schweiz 0848 / 88 00 11

Herzliche Grüße,

Ihr Joyce Meyer Team

Anmerkungen

1 John Maxwell: *Your Road Map for Success Workbook: You Can Get There from Here.* Nashville: Thomas Nelson, Inc., 2006, S. 52

2 »It Was Christmas Eve, 1910«, Sermon Central, November 2006, http://www.sermoncentral.com/illustrations/sermon-illustration-warren-lamb-stories-29696.asp

3 »Learning«, Sermon Illustrations, http://www.sermonillustrations.com/a-z/l/learning.htm

4 Dwight L. Moody: Brainy Quote, http://www.brainyquote.com/quotes/quotes/d/dwightlmo390829.html?src=t_little_things

5 »Truth«, Sermon Illustrations, http://www.sermonillustrations.com/a-z/t/truth.htm

6 »I have a choice about today«, A Gift of Inspiration, http://www.agiftofinspiration.com.au/stories/attitude/Choices.shtml

7 Samuel Smiles: Brainy Quote, http://www.brainyquote.com/quotes/quotes/s/samuelsmil143145.html?src=t_hope

8 Elbert Hubbard: Brainy Quote, http://www.brainyquote.com/quotes/quotes/e/elberthubb391598.html?src=t_patience

9 Ryan Blackshere: »Widower forges friendship with man in crash that killed wife, unborn baby«, Today.com, 3. Februar 2014, http://www.today.com/news/widower-forges-friendship-man-crash-killed-wife-unborn-baby-2D12044681

10 »Great Quotes on Worship«, Experiencing Worship, 24. September 2013, http://www.experiencingworship.com/worship-articles/general/2001-7-Great-Quotes-on.html

Die Internetseiten wurden zuletzt am 14.9.2017 aufgerufen.

Joyce Meyer

Joyce Meyer ist eine der weltweit bekanntesten Bibellehrerinnen. Als Bestsellerautorin hat sie mehr als 90 wegweisende Bücher geschrieben, unter anderem „Gib niemals auf", „Powergedanken" sowie „Das Schlachtfeld der Gedanken", wovon es eine Ausgabe für Erwachsene und eine für Teens gibt. Darüber hinaus hat sie Tausende von Lehrvorträgen auf CD und DVD herausgegeben. Joyce' Radio- und Fernsehprogramme *Enjoying Everyday Life (Das Leben genießen)* werden weltweit ausgestrahlt und Joyce bereist viele Länder, um dort Konferenzen abzuhalten. Sie und ihr Mann Dave haben vier erwachsene Kinder und leben in St. Louis, Missouri, USA.

Über Joyce Meyer Ministries (JMM)

Hand of Hope – der christliche Hilfsdienst von Joyce Meyer

Joyce und Dave Meyers zentrales Anliegen ist es, armen und verletzten Menschen in der ganzen Welt zu helfen. Es geht darum, nicht nur zu reden, sondern auch konkret zu handeln. Darum bringt Joyce Meyer Ministries (JMM) humanitäre Hilfe in verschiedene Krisenregionen der Welt. Dies geschieht mit neun internationalen Büros und in Zusammenarbeit mit über 35 weltweit tätigen Missionsgesellschaften.

Auf diese Weise werden über 32 Millionen Mahlzeiten pro Jahr in den Hungerregionen der Welt ausgegeben, fast 40 Waisenheime in armen Ländern unterhalten, Dörfer mit sauberem Trinkwasser versorgt und Tausende von Gefängnisinsassen unterstützt. Außerdem gründet und fördert JMM Gemeinden in Ländern, wo Christen unter Verfolgung leiden, bietet medizinische Hilfe und hilft alten wie jungen Menschen in den „Gettos" von Großstädten, wie mit dem Dream Center in St. Louis. Mehr Infos unter **joyce-meyer.de/hand**

TV und Radio

Die *Enjoying Everyday Life (Das Leben genießen)*-Sendungen in Radio und Fernsehen erreichen täglich Hunderttausende weltweit. Im September 1993 konnte das Programm wöchentlich auf zwei Kanälen empfangen werden. Heute wird *Enjoying Everyday Life* täglich und wöchentlich von rund 500 Fernsehsendern und nahezu 400 Radiosendern weltweit ausgestrahlt. Das Programm wird mittlerweile in 81 Sprachen übersetzt und kann sogar in der arabischen Welt empfangen werden.

Internet

Unter **joyce-meyer.de** können Sie die Sendung *Das Leben genießen* rund um die Uhr sehen. Außerdem erhalten Sie dort aktuelle Informationen, können Bücher, eBooks, DVDs und CDs bestellen, sich kostenfrei zur täglichen Andacht anmelden oder Kontakt zu uns aufnehmen.

Vorträge von Joyce Meyer in anderen Sprachen finden Sie unter **tv.joycemeyer.org**

Werden Sie Fan von Joyce Meyer auf Facebook. Lassen Sie sich täglich von ihr ermutigen und auf dem Laufenden halten: **facebook.com/joycemeyerdeutschland**

Konferenzen

Konferenzen quer durch die USA (bis zu zwölf im Jahr) und auch im Ausland sind nach wie vor Joyce' Leidenschaft. Die Menschen kommen in Scharen und Joyce predigt das Wort Gottes und gibt praktische Lebenshilfe in der ihr eigenen direkten und humorvollen Art. Gleichzeitig werden diese Konferenzen für Fernsehsendungen aufgezeichnet.

Joyce Meyers persönliches Geschenk an Sie

Als Leser dieses Buches können Sie jetzt ein kostenloses Geschenk von Joyce Meyer erhalten. Einfach diesen Gutschein-Code [BK1117] mit Ihrer Anschrift versehen und an

Joyce Meyer Ministries Deutschland	**Joyce Meyer Ministries Schweiz**
Postfach 76 10 01	**Bernstrasse 308**
22060 Hamburg	**3627 Heimberg**

schicken oder ins Internet gehen unter **joyce-meyer.de/geschenk**
Dort Adresse und Gutschein-Code eingeben und abschicken.
Sie können uns auch gerne anrufen:

Zuschauer- und Bestellservice:
Deutschland: 040-88 88 4 11 11
Schweiz: 0848-88 00 11

Das Geschenk wird vierteljährlich verschickt. Wir bitten deshalb um etwas Geduld.

Weitere Bücher & DVDs von Joyce Meyer

Themenwelt: Persönlichkeit stärken

Der Tag gehört dir
Gefühlskämpfe überwinden durch die Kraft des Wortes Gottes
288 Seiten, Paperback, auch als **eBook** erhältlich
EUR 13,90 [D], 14,40 [A], CHF 19.50
ISBN 978-3-945678-13-8
Sie haben nur ein Leben. Was tun Sie damit? Mit Gott an Ihrer Seite können Sie das Beste aus jedem Tag machen und das erreichen, was Gott für Sie vorbereitet hat. Joyce Meyer gibt Tipps für Ihre Zeit- und Lebensplanung und leitet Sie an, jeden Tag bewusst zu gestalten und mit Entschlossenheit die Ziele Gottes für Ihr Leben umzusetzen.

Über den Gefühlen stehen
Wie Sie emotional nicht baden gehen
288 Seiten, Paperback, auch als **eBook** erhältlich
EUR 14,– [D], 14,50 [A], CHF 19.60
ISBN 978-3-939627-31-9
Gefühle können sehr stark sein und unsere Aufmerksamkeit fordern. Dennoch sollten wir uns nicht von ihnen kontrollieren lassen. Wer abwarten muss, wie ihm zumute ist, ehe er den Tag genießen kann, überlässt seinen Gefühlen die Herrschaft. Joyce Meyer beschreibt, welche Gefühlsskala Menschen durchlaufen. Sie verbindet die Weisheit der Bibel mit psychologischen Erkenntnissen und gibt dem Leser Werkzeuge an die Hand, auf produktive Weise mit den eigenen Emotionen umzugehen.

Lass dich nicht entmutigen
128 Seiten, Hardcover
EUR 12,80 [D], 13,30 [A], CHF 18.–
ISBN 978-3-945678-01-5
Stress, Sorge, Unsicherheit, Niedergeschlagenheit – alles keine Fremdwörter für Sie? Lassen Sie sich von Joyce Meyer ermutigen, Trost, Sicherheit und Hilfe bei Gott zu suchen. Er hat eine Perspektive für Ihr Leben! Die kurzen Impulse und Bibelverse laden zum Nachdenken ein und machen Mut, von Gott alles zu erwarten.

Gib niemals auf
Sei fest entschlossen, die Herausforderungen
des Lebens zu meistern
304 Seiten, Paperback, auch als **eBook** erhältlich
EUR 13,– [D], 13,40 [A], CHF 18.30
ISBN 978-3-939627-23-4
Jeder hat schon einmal versagt oder ist an einer Sache
gescheitert. Wichtig ist, in diesen Momenten nicht aufzugeben, sondern die eigenen Träume und Ziele mutig
weiterzuverfolgen. In diesem Buch verbindet Joyce Meyer
inspirierende und verblüffende Geschichten von unterschied-
lichen Menschen mit ganz praktischer Lebenshilfe und
Anleitung, wie Hindernisse überwunden werden können.
Ein absoluter Mutmacher, der herausfordert, aufzustehen
und sich nicht unterkriegen zu lassen!

Nur Mut!
Lebe leidenschaftlich und zielgerichtet
368 Seiten, Paperback, auch als **eBook** erhältlich
EUR 16,50 [D], 17,– [A], CHF 23.–
ISBN 978-3-939627-25-8
Leidenschaft oder Langeweile – Sie haben die Wahl! Um jeden
Morgen motiviert aufzustehen, ist es wichtig, Ziele zu haben
und die von Gott gegebene Bestimmung für unser Leben zu
erkennen. Gleichzeitig brauchen wir ein Herz voller Leidenschaft. In diesem Buch fordert Joyce Meyer Sie heraus, diese
Dinge zu entwickeln und unproduktive Haltungen zu überwinden. Jedes Kapitel enthält außerdem praktische Tipps zur
konkreten Umsetzung. Wagen Sie es!

Themenwelt: Persönlichkeit stärken

DVD: Richtig mit Gefühlen umgehen
Doppel-DVD, ca. 120 Minuten
EUR 9,90 [D], 10,40 [A], CHF 13.90
Artikel-Nr. 446700728
Unsere Gefühle bereichern unser Leben, sind aber auch unzuverlässig und instabil. Wichtig ist, dass wir lernen, angemessen mit ihnen umzugehen und uns nicht von ihnen beherrschen zu lassen. Manchmal gilt es, das zu tun, was richtig ist, auch wenn unsere Gefühle nicht mitziehen. Wie das geht, erklärt Ihnen Joyce Meyer in diesen Vorträgen.

DVD: Erfrischung für den Charakter
Doppel-DVD, ca. 120 Minuten
EUR 9,90 [D], 10,40 [A], CHF 13.90
Artikel-Nr. 446700724
Eine der größten Herausforderungen des geistlichen Lebens besteht darin, einen Charakter zu entwickeln, der Gott gefällt. Wer sind wir, wenn keiner zusieht? Wie verhalten wir uns, wenn die Herausforderungen des Lebens uns in die Ecke treiben? Erlauben Sie Gott, Ihren Charakter zu formen – lernen Sie, „gute Früchte" zu tragen, wie Liebe, Friede, Geduld und Selbstbeherrschung. Diese „Früchte des Geistes" müssen aber erst entwickelt werden und dieser Prozess erfordert Ihre aktive Beteiligung. Arbeiten Sie mit Gott zusammen und üben Sie sich darin, nach seinen Maßstäben zu leben.

Mutmacher-Postkarten-Sets
Mut machende Gedanken von Joyce
5 Karten in jedem Set
Je Set EUR 5,– [D], 5,10 [A], CHF 7.–
Set 1: Artikel-Nr. 446781015
Set 2: Artikel-Nr. 446781016
Unsere Postkarten mit Ermutigungen von Joyce – eine tolle Geschenkidee! Alle Motive finden Sie im Onlineshop:
joyce-meyer.de/postkarten

Themenwelt: Gedanken und Worte lenken

Powergedanken
12 Strategien für einen Sieg auf dem Schlachtfeld der Gedanken
336 Seiten, Paperback, auch als **eBook** erhältlich
EUR 17,– [D], 17,50 [A], CHF 23.80
ISBN 978-3-939627-27-2
Werden Sie immer wieder von negativen Gedanken bedrängt und können diese nur schwer abschütteln? Lassen Sie nicht länger zu, dass Ihre Gedankenwelt zu einem geistigen Schrottplatz verkommt! In „Powergedanken" – dem Nachfolgeband zu „Das Schlachtfeld der Gedanken" – leitet Joyce Meyer Sie anhand biblischer Prinzipien an, neue Denkweisen zu entwickeln, die das Leben positiv beeinflussen.

DVD: Powergedanken
Doppel-DVD, ca. 120 Minuten
EUR 16,– [D], 16,50 [A], CHF 22.50
Art.-Nr. 446700735
Machen negative, selbstkritische oder ängstliche Gedanken Ihnen das Leben schwer? Die gute Nachricht ist: Sie müssen nicht alles denken, was Ihnen in den Kopf kommt. Joyce Meyer erklärt Ihnen in den Vorträgen dieser Doppel-DVD, wie Sie negative Gedanken aus Ihrem Kopf verbannen und gegen gute, kraftvolle eintauschen können. Gehen Sie diese Gedankenschritte im Vertrauen auf Gott und Sie werden sehen, wie sich Ihr Leben verändert!

Ich und meine große Klappe
224 Seiten, Paperback, auch als **eBook** erhältlich
EUR 11,– [D], 11,40 [A], CHF 15.50
ISBN 978-3-939627-28-9
Können Sie Ihr Mundwerk nur schwer im Zaum halten, wenn Alltagsprobleme und Lebensängste mal wieder überhandnehmen? Die Wahrheit ist: Sie entscheiden, welche Worte Sie aussprechen! Setzen Sie sie deshalb zu Ihrem Nutzen ein. In diesem Buch fordert Joyce Meyer Sie heraus, einen neuen Umgang mit Worten einzuüben. Bringen Sie Ihre Worte in Übereinstimmung mit dem, was Gott sagt, und Sie werden anfangen, im Sieg zu leben.

Themenwelt: Gedanken und Worte lenken

Das Schlachtfeld der Gedanken
Gewinne die Schlacht in deinem Verstand
288 Seiten, Paperback, auch als **eBook** erhältlich
EUR 17,– [D], 17,50 [A], CHF 23.80
ISBN 978-3-939627-93-7
Ein wahrer Bestseller. Mit diesem Buch hat Joyce Meyer
Millionen geholfen, ihre Gedankenwelt in göttliche Bahnen
zu lenken. Gedanken von Sorgen, Furcht und Zweifel müssen
nicht mehr ihr ungehindertes Spiel mit Ihnen treiben. Fangen
Sie an, darüber nachzudenken, worüber Sie nachdenken, und
erneuern Sie Ihr Denken mit dem Wort Gottes. Ihr Leben
wird sich drastisch positiv verändern. Die Wahrheit macht frei.

Arbeitsbuch: Das Schlachtfeld der Gedanken
160 Seiten, Paperback
EUR 9,– [D], 9,90 [A], CHF 12.60
ISBN 978-3-939627-42-5
Sie sind es leid, sich mit Depression, Sorgen und Ängsten
herumplagen zu müssen? Dieses Arbeitsbuch dient als hilfreiche Ergänzung zu dem Buch „Das Schlachtfeld der Gedanken". Lesen Sie Kapitel für Kapitel in „Das Schlachtfeld
der Gedanken" und beantworten Sie anschließend die zuge-
hörigen Fragen in diesem Arbeitsbuch. Wenden Sie dann die
gelernten Prinzipien an – und Sie sind auf dem besten Weg,
die Freiheit zu erleben, die Ihnen in Jesus zusteht.

Das Schlachtfeld der Gedanken für Teens
Gewinne die Schlacht in deinem Kopf
176 Seiten, Paperback
EUR 8,50 [D], 8,70 [A], CHF 12.–
ISBN 978-3-939627-15-9
Das Leben eines Teenies kann ein ständiger Kampf sein. Aber
die wichtigste Schlacht wird nicht auf dem Schulhof, im In-
ternetchat, auf einer Party oder im Wohnzimmer der Familie
ausgetragen. Der allerwichtigste Kampf ist der in den eigenen
Gedanken. Helfen Sie Teenagern, ihren Kopf zu entrüm-
peln – mit dem Schlachtfeld der Gedanken für Teens, locker
geschrieben und leicht verständlich.

DVD: Das Schlachtfeld der Gedanken
Ca. 70 Minuten
EUR 10,– [D], 10,20 [A], CHF 14.–
Art.-Nr. 446700740
Auf dieser DVD erklärt Joyce Meyer auf Grundlage der
Bibel, wie Sie auf schnellstem Weg Ihre persönliche Wüste
verlassen können. Lernen Sie die wichtigsten Strategien
kennen, um das Leben, das Gott für Sie bereithält, auch
tatsächlich zu genießen.

Als Zweier-Set
Buch + DVD
„Das Schlachtfeld der Gedanken"
Sparen Sie EUR 3,–
Buch, 288 Seiten, Paperback
DVD, ca. 70 Minuten
EUR 24,– [D], 24,90 [A], CHF 33.70
Art.-Nr. 446700742

Als Zweier-Set
Buch + Arbeitsbuch
„Das Schlachtfeld der Gedanken"
Sparen Sie EUR 3,–
Buch, 288 Seiten, Paperback
Arbeitsbuch, 160 Seiten, Paperback
EUR 23,– [D], 23,90 [A], CHF 32.30
Art.-Nr. 446700200

Als Dreier-Set: Buch, Arbeitsbuch + DVD
„Das Schlachtfeld der Gedanken"
Sparen Sie EUR 5,–
Buch, 288 Seiten; Arbeitsbuch, 160 Seiten, beides Paperback
DVD, ca. 70 Minuten
EUR 31,– [D], 31,90 [A], CHF 43.50
Art.-Nr. 446700741

Die Joyce Meyer Themenhefte

EUR 3,30 [D], EUR 3,80 [A], CHF 4.60

Sich selbst annehmen
112 Seiten, geheftet
Art.-Nr. 446781023

Gnade – Gott ist für dich
100 Seiten, geheftet
Art.-Nr. 446781021

Wege aus Mobbing und Ablehnung
88 Seiten, geheftet
Art.-Nr. 446781022

Erlebte Heilung
48 Seiten, geheftet
Art.-Nr. 446781007

Lerne Gott zu vertrauen
56 Seiten, geheftet
Artikel-Nr. 446781011

Erfüllt mit dem Heiligen Geist
64 Seiten, geheftet
Art.-Nr. 446781005

Geordnete Finanzen
40 Seiten, geheftet
Artikel-Nr. 446781014

Set: alle 7 Themenhefte
Art.-Nr. 446781024
EUR 19,80 [D], 20,30 [A], CHF 27.70

Schreiben Sie uns!

Was hat Ihnen dieses Buch konkret gebracht? Haben Sie Anregungen?
Möchten Sie Joyce Meyer Ministries etwas mitteilen? Dann schreiben Sie uns.

Joyce Meyer Ministries   **Joyce Meyer Ministries Schweiz**
Postfach 76 10 01   **Bernstrasse 308**
22060 Hamburg   **3627 Heimberg**

Zuschauer- und Bestellservice:
Deutschland: 040-88 88 4 11 11   Schweiz: 0848-88 00 11

Weitere Bücher und DVDs unter **joyce-meyer.de/shop**